媒介舆论与中国体育近代化研究

廖慧平　著

北京体育大学出版社

策划编辑：潘　帅
责任编辑：吴光远　李志诚
责任校对：韩培付
版式设计：小　小

图书在版编目（CIP）数据

媒介舆论与中国体育近代化研究/廖慧平著．—北京：北京体育大学出版社，2018.12
ISBN 978－7－5644－3101－3

Ⅰ．①媒… Ⅱ．①廖… Ⅲ．①传播媒介－舆论－影响－体育事业－中国－近代 Ⅳ．①G812.95

中国版本图书馆 CIP 数据核字（2018）第 298577 号

媒介舆论与中国体育近代化研究
MEIJIE YULUN YU ZHONGGUO TIYU JINDAIHUA YANJIU

廖慧平　著

出版发行：北京体育大学出版社
地　　址：北京市海淀区农大南路 1 号院 2 号楼 4 层办公 B－421
邮　　编：100084
网　　址：http：//cbs. bsu. edu. cn
发 行 部：010－62989320
邮 购 部：北京体育大学出版社读者服务部 010－62989432
印　　刷：北京建宏印刷有限公司
开　　本：710 毫米×1000 毫米　1/16
成品尺寸：157 毫米×235 毫米
印　　张：10.75
字　　数：167 千字
版　　次：2018 年 12 月第 1 版
印　　次：2018 年 12 月第 1 次印刷
定　　价：58.00 元

前 言

对于历史上曾经强大自信而近代却遭受百年挫败的中国而言，现代化转型是一个民族复兴的伟大梦想，是具有某种神圣使命意味的奋斗与崛起，中国体育近代化是中国体育走向初步现代化的过程，它的变迁在一定程度上影响着中国社会现代化的进程。本研究运用文献资料法、历史系统分析法、历史比较分析法和历史计量分析法，以中国体育近代化进程中媒介舆论的建构为逻辑起点，下延到1927年南京国民政府成立前。采用媒介与体育建构的理论分析框架，解析1840—1927年中国体育近代化发展历程。本研究分为5个部分：

第一部分是研究概述，主要对近代媒介舆论和体育近代化的内涵、近代中国的研究范式、媒介舆论与中国体育近代化变迁的思路和基本框架进行了探讨。

第二部分主要是探寻这一时期历史阶段划分的依据和具体历史阶段的界限。以近代媒介舆论的阶段划分为主体框架，循着媒介不同阶段体育舆论的特征，结合中国近代史和体育史发展脉络的关键点，把媒介舆论与中国体育近代化划分为萌芽、转型、生长和重构4个阶段。

第三部分则通过整理和挖掘1840—1927年的报刊等媒介中的体育信息文本，对4个历史阶段的媒介舆论与中国体育近代化进行定性和定量的剖析。

第四部分是对媒介舆论与中国体育近代化历史变迁的解读。研究发现：从身体的视角看，中国近代体育话语经历了从技术主导到精神诉求再到文化启蒙的“身体话语”演变路径；从议程设置的嬗变看，近代媒介所设置的体育议程经历了从洋务时期的西洋兵操，到维新时期的“尚力、贵武”，再到清末对学校体育教育的关注，五四运动时期的体育则成为社会公共议题，在媒介舆论的引导下，国人逐步认识到体育的竞技、健身、娱乐价值；从传播方式的变迁看，中国体育近代化历程在一定程度上是在报刊舆论的引导下，国人迫于现实的“不自觉”传播与自我意识觉醒的“自觉”行为和外报无意识的“不自觉”传播与有目的的“自觉”文化传播两种不同传播方式交互融合，共同推进；从舆论引导的主体看，中国近代体育舆论引导主体则经历了从士绅精英到思想家精英再到知识精英的变化轨迹。

第五部分为结语，笔者认为，在现代化命题与社会转型的时代背景下，1840—1927 年媒介舆论与中国体育近代化变迁的过程与特点对当代体育现代化有两点启示：第一，应始终注重体育现代化过程中“人”的现代化正确舆论引导；第二，应以媒介为支点，整合政府、公众和媒介舆论场，引导中国体育现代化持续、良性发展。

目录

1 研究概述

1.1 研究缘起

中国近代百年史可谓天翻地覆，屈辱与苦难、奋斗与牺牲构成了多彩的历史画面，而每当浸润其文字与读解之中，总有莫名痛楚的断裂，“这种痛楚的断裂感慨占据着官方的主流意识形态，也弥漫在民间的话语与情绪之中”“对于历史上曾经强大自信而近代却遭受百年挫败的中国而言，现代化转型是一个民族复兴的伟大梦想，是具有某种神圣使命意味的奋斗与崛起”。正如史学家蒋廷黻所言：“近百年的中华民族根本只有一个问题，那就是：中国人能近代化吗？能赶上西洋人吗？能利用科学和机械吗？能废除我们家族和家乡观念而组织一个近代的民族国家吗？能的话，我们民族的前途是光明的；不能的话，我们这个民族是没有前途的。”诚然，体育承担不起民族前途之责，然而体育作为近代文化的一部分，其变迁亦影响着体育现代化乃至中国现代化的进程。正是在这种历史背景之下，中国近代体育在东西方文明的剧烈碰撞中开始了其缓慢的体育近代化求索历程。

近代化就是由传统社会向现代社会变迁的过程，它会引起政治、经济、思想、文化等多方面的变革。中国近代化是中国人民为挽救民族危机，向西方学习，发展社会经济，追求民主政治的过程。从历史发展的角度看，中国近代化是现代化整体发展过程中的一部分。主观上，中国体育近代化过程是西方帝国主义国家文化侵略中国的手段之一，但在客观上却促进了近代中国体育的发展，加快了中国体育现代化进程。中国近代体育包含民族传统体育和西方传入的近代体育两个方面的内容，体育近代化着重于考察西方传入中国的体育以及对民族传统体育所产生的冲击，它符合中国近代化的实在之义，与中国现代化进程从器物层面的引进，到制度层面的确定，再到思想层面的碰撞，最后到实现“本土化”发展的自身现代化过程相似。

始兴于20世纪80年代的近代体育史研究在最初的一段时间偏重“寻根史学”和“反思史学”，21世纪则转向了“参与史学”。过去、现在、未来，总是前后连续的，史学研究者既要积极面对现实、参与现实生活，更应该面对未来，充当桥梁，串联起三者，用自己的研究成果丰富与影响现实生活。“如何在现有的研究基础上进一步拓展研究的领域、方法、路径，如何解决近代体育研究所面临的各种问题，以达到新世纪体育史研究的要求，成为当前亟待努力的方向。”自20世纪80年代兴起的中国近代体育史研究已有了丰厚的史学积淀，新时期要突破研究的瓶颈，研究重心就不能仅仅停留在对史料的整理或归纳层面，更应注重从不同学科探求其发展路径和发展规律。褒贬历史人物或历史现象比理解它要容易得多，神游冥想，与立说之古人处于同一境界（陈寅恪语），才有可能理解和探寻历史的奥秘。体育近代化是一个动态的渐进过程，在这一过程中，其影响因素颇多，因此，将研究置于遭遇“千年未有之变局”与中国百年现代化转型的困境中加以探究，不仅需要有厚重的历史材料作为佐证，还需要有“参与史学”的精神和意识。近代报刊及其他出版物作为大众传播媒介对于近代中国主要社会思潮——现代化意识的萌芽和发展有着巨大的促进作用，是现代化意识的引进者、培育者、刺激者和普及者。同时，近代报刊等传统媒介所保留的素材为我们研究提供了史料保证，然而，浩如烟海的文字材料需要我们找到合适的切入点或视角才能寻根究底，引起潜在的共鸣。

弥漫在社会各个领域的公众舆论，是人类实践的“前意识”，常常呈现社会意识的刚毅和波动，揭示出各阶层、各阶级的思想动态，对社会政治、经济、文化等都会产生潜移默化的影响。中国舆论的雏形始于清流派的清议，也称为前舆论时期，它代表了中国士绅阶层参政议事的言论传统与文化惯例。近代中国社会舆论由于剧烈的社会变动逐渐发生演变，甲午战争之前以官方舆论（包括士大夫及少数传统知识分子的言论）为主，之后伴随着近代科技的蓬勃发展，以报刊媒介为主的现代传媒与有一定西学背景的中国新兴知识阶层结合，催生了中国舆论的兴盛。报刊、学堂、学会等层出不穷，形成了公共交往和公众舆论的基本空间。直至20世纪20年代末期，“由于党派利益没有完全渗透到公共领域，使得这30余年成为中国公众舆论最强势的时期”。这一时期也正是被视作“蛮夷小技”的西方近代体育在中国早期传入和传播的重要历史阶段，在客观上，它促进了近代中国体育的发展。“舆论的形成离不开媒介的传播，传播正是舆论形成的内在机制。”传统媒介（报刊及其他出版物）的介入和舆论引导对于近代中国体育发展的作用可谓功不可没，尤其是在近代救亡图存的历史背景下，“呼唤个性解放、发达肉体、贵武尚力的思潮便成了中国近代崛起的一代甚至几代新型知识分子的主调”。因此，从媒介舆论的角度探寻中国体育近代化进程，有丰富的史料作为支撑，且史料具有连续性和理性，因为“最初的报刊‘源于公众对其理性的运用’”，不像如今“报纸已经成为‘一种消费对象的文化媒介’”。就近代舆论的时空发展而言，中国体育近代化的阶段性、演变内容与舆论发展的阶段性和每一阶段舆论中心的演变相符。正如《社会舆论与媒介传播》一书中所言，“在传统社会中，公共舆论的发展往往滞后于社会变革，当少数精英意识到社会需要变革时，必须要做相当程度的宣传发动，公众舆论才会跟上时代发展的需要。舆论的滞后性使中外一些思想家都认识到，要想让公众舆论支持社会变革，必须要先对公众‘启蒙’，让公众以积极的热情关注自己的事情，这样社会变革才能动用最广大群众的力量。”中国体育近代化正是从“‘尚力’启蒙”的舆论氛围中一步步发展起来的。这一过程中，不同的舆论场在不同历史阶段对体育近代化功效如何？中国近代体育历时性的纵向发展路径与媒介舆论的耦合关系如何？媒介如何建构中国近代体育？它对当今中国体育现代化有何启示？……这些问题都需要在历史的追问中加以发掘和考察，此乃选题之要义所在。

1.2 相关概念界定及文献评介

1.2.1 舆论、媒介舆论、近代媒介舆论及研究现状

1.2.1.1 公共领域与近代中国媒介舆论

法兰克福学派的代表人物哈贝马斯认为，公共领域“指的是一种介于市民社会中日常生活的私人利益与国家权力领域之间的机构空间和时间，其中个体公民聚集在一起，共同讨论他们所关注的公共事务，形成某种接近于公众舆论的一致意见，并组织对抗武断的、压迫性的国家与

公共权力形式，从而维护总体利益和公共福祉。传媒的公共性与公共领域密切相关，公共性是公共领域的核心理念，包括公开性、公益性和理性批判等含义，公共领域则是公共性发挥的场域。传媒公共性就是传媒按照公共领域的规范要求展开其实践”。只有公众就普遍的社会问题通过媒介这一公共领域进行公开、理性和平等的协商，并形成舆论，才能体现其公共性。因此，要探讨媒介舆论与体育近代化问题，就必须了解近代中国公共领域的相关研究。

目前有关这一问题，存在“肯定说”“否定说”和“第三领域说”3 种观点。“肯定说”多运用实证的研究方法，重点探讨晚清民国时期典型或类似公共领域（如报刊、学校、学会等）的存在形态，主张者多应用西方公共领域理论对中国社会进行剖析。譬如，其代表人物许纪霖认为，近代中国与欧洲公共领域的观念和形态不同，它“从一开始就是以士大夫或知识分子为核心，跳过欧洲曾经有过的文学公共领域的过渡阶段，直接以政治内容作为建构的起点，公共空间的场景不是咖啡馆、酒吧、沙龙，而是报刊、学校和学会。在风格上缺乏文学式的优雅，带有政论式的急峻”。“否定说”则认为在“强国家，弱社会”的近代中国不可能存在和建构西方模式的公共领域。第三领域的提出者黄宗智主张超越国家与社会的二元范式，在国家与社会之外引入第三领域，即国家、社会、第三领域的三元范式。“不过，无论是持‘肯定说’‘否定说’还是‘第三领域说’观点的学者大都不否定公共领域理论的中国意义，只是在西方模式的公共领域理论是否具有中国解释力方面存在争议。”许鑫认为，“中国的公共领域有自己的特点、产生机制和动力逻辑，因此必须结合中国的国家——社会关系和制度环境，将哈贝马斯资产阶级公共领域视为价值规范和‘应然’理想，同时采用哈贝马斯后期的多元公共领域模式来检视中国式公共领域的‘实然’状态，分析两者的差距并探索从‘实然’走向‘应然’的现实路径，进而建构中国情境下的公共领域理论”。他还分析了晚清民国时期传媒公共性的生成与演变，并对晚清民国时期传媒公共性进行了评析。

此外，许多研究从微观或更具体的角度进一步论证了近代公共舆论与报刊的关系。譬如，吴果中认为，《时务报》从有批判意识的公众群体和非政治化的公共政治问题两方面建构了中国近代公共舆论空间。苏全有、徐冬认为，清末阅报讲报活动拓展了近代公共舆论空间。齐心认为：“中国近代舆论的兴起与报刊有密不可分的关系。市民阶层的出现和参与以及报刊读者面的扩大，使得报纸体现民意的可能性大大增加。同时报刊也在外在形式上做出变化，以适应读者公共化的趋势。报刊通信栏目的出现与流行，使读者有效地参与公共意见的形成。”袁德娟对近代舆论的结构、缺陷等进行了分析，她指出：“在近代特殊的历史语境下形成的公共舆论空间，是一个具有多维度、多层次的结构体系，其结构要素表现为公共议题、传播者与受众、对话场所以及信息传播体系。”同时，她认为，近代中国舆论空间存在着很大的缺陷，具体包括：依附性严重损害公共舆论空间的独立性；舆论主体的精英化削弱公共舆论空间的平等性；外部势力的压制和内部的思想激荡——外部势力对舆论的钳制使公共舆论空间进入狭窄格局；内部思想分歧与冲突造成公共舆论空间结构的脆弱。

学术界普遍认为，近代社会是一个具有明显过渡性的社会，那么，存在于其中的舆论呈现这种过渡的倾向也就不可避免。国内学者对于近代中国“公共领域”的争议在很大程度上是源于环境变化所带来的阶段性和差异性变化存在的过程性辨析的缺失或存疑，以及公共舆论社会有效“参与”在中国近代缺失所带来的质疑。作为恰巧与政府对峙的公共舆论的一部分而出现的公共领域受国内外环境及发展趋势的影响而存在着阶段性，不同时期的舆论群体、舆论内容有较大的变化，政治疏离的强度也就呈现出过程性和变动性的特征。因此，我们不能武断地否定近代中国“公共领域”的存在，只是近代中国的公共领域与欧洲的公共领域由于经济发展水平不同，体现出本土特性。近代中国公共领域主要是出于政府和社会关系的发展，有着强烈的政治性。对于近代中国公共领域的核心场——传媒的公共性或者说媒介舆论的存在应不容置疑。正如孟庆澍所说：“民意的起伏、精英的参与、官方的操纵、租界的存在与市场的力量等诸多因素于此汇流并互相博弈，使中国近代舆论具有多元的内涵与多维的动态结构，从而成为具有自身发展逻辑的独特的历史存在。”

1.2.1.2 舆论、媒介舆论的界定、思辨与近代报刊与舆论关系评介

1.2.1.2.1 舆论与近代舆论

对舆论的界定直接影响到研究文本的选取，在近代中国的语境下，舆论是现代概念的运用还是近代舆论的阐释？近代舆论与报刊的关系如何？媒介舆论在近代报刊及其他出版物中表现形式有哪些？舆论、舆情

与民意是否具有同一性？这些问题必须得到澄清，否则研究将无法进行。

要了解舆论，就要明晰中国舆论的历史发展轨迹。在古代中国，舆论最早来源于“舆”，即指车。《周礼·考工记·舆论》中说“舆人为车”，就是指舆人造车的意思。其后逐渐演化为车夫、差役、小官吏和随车士卒等普通大众的意思，概如“舆者，众也”。“舆论”一词最早出现在《三国志·王朗传》中记载的王朗劝文帝不宜轻率动兵伐吴的上书中，“设其傲狠，殊无入志，惧彼舆论之未畅者，并怀伊邑。臣愚以为宜敕别征诸将，各明奉禁令，以慎守所部”。《梁书·武帝纪》中则更明确地使用了“舆论”一词，谓“行否臧否，或素定怀抱，或得之舆论”，从而证明了舆论概念的非偶然性质。到了东汉末年，“舆论”二字已被广泛运用。这两处提到的舆论，其含义都主要是指下层百姓的议论，并不包括统治阶级的意见。可以看出，中国古代对舆论的理解和把握基本停留在等级制思想框架下的“驭民术”层次。

近代对舆论的理解有了实质性的改变。1902 年，梁启超在其写的我国近代舆论研究的第一篇专论《舆论之母与舆论之仆》中提出：“舆论者，寻常人所及见也。”他认为舆论是一般平民百姓的认识，舆论的主体是寻常人，是平民大众。后来他在《读十月三日上谕感言》中肯定了舆论是多数人自发表达的意见、态度和信念，认为：“夫舆论者何？多数人意见公表于外者也。是故少数人所表意见，不成为舆论；虽多数人此意见而不公表之，仍不成舆论。”梁启超有关舆论的观点强调了舆论的公众性和自发性，开启了中国近代舆论观嬗变的端绪，影响了中国近代舆论观的变迁。其后的邵力子、刘国桢、戈公振、郭步陶和储玉坤等对于舆论的界定都深受其影响。民初著名新闻教育家徐宝璜也认为：“舆论者，在社会上占有多数之关于公共问题之自由的意见也。”他还提出了一个颇具理论前瞻性的论断，即能成为舆论的意见还必须是对社会公共领域中的“公共问题”的自由意见。“在民智不发达之时，公共问题，仅为政治问题。及民智既进，则种种社会问题如妇女问题、劳动问题，亦皆成公共问题矣。”同时期的胡汉民、邵飘萍、任白涛也将公共性的概念引入新闻舆论研究之中。

近代学者和报人对舆论的认识与现代对舆论的理解基本吻合。基于此，我们无须担心，研究中舆论是现代概念的运用还是近代舆论的阐释，只需明白其真实的内涵。无论是在现代还是在近代中国的语境下，舆论都是一种自在的意见形态，是一种传播现象，它至少包括4个因素：第一，必须有一个问题；第二，必须有多数个人对这个问题发表意见；第三，在这些意见中至少要有某种一致性；第四，这种一致的意见直接或间接地产生影响。同时，我们也不应抹杀中国古代舆论思想对近代舆论的影响，林语堂在研究了中国古代的新闻舆论后说，“如果遇到合适的社会政治环境，古代中国的政治批判精神会在将来的某一天复兴成为现代新闻业的民主力量”。

1.2.1.2.2 舆论辨析与近代媒介舆论之内涵

要理解近代舆论，需要对与舆论相关的概念——清议、舆情和民意加以辨析。从广义上认识，三者都属于舆论的范畴，都是制约社会的强大力量。倪琳认为：“清议传统是在漫长的文化历史中逐渐沉淀下来的，代表了中国士绅阶层参与政治决策与议论国事的言论传统与文化惯例。”它“代表中国士绅阶层以言议政的一种传统方式”，这一时期可统称为“前舆论时期”。许纪霖则从现代公共传媒与社会公众的角度对清议与舆论的关系进行了论述，他认为：“晚清所出现的以报纸为中心的公共舆论，以前所未有的现代传播方式，将本来仅仅属于士林内部的清议，放大为影响全国的公共舆论。”近代报刊的出现，改变了中国传统的“舆论”方式，在近代早期它与现代“舆论”并存，但其本身的定义与所指却发生了颠倒式的改变，从士大夫、官员的言论演化为非正式的坊间议论，故称该时期为“前舆论时期”。

民意和舆情在中国早已有之，但真正把它们与舆论联系在一起加以对比研究的时间则不长。有学者认为：“民意是人民对有关自身利益的社会问题所形成的一致意见，体现为人民的精神、愿望和意志的总和，又称民心、公意、公共舆论、公论等，具有坚实的真理性。”而“舆情即民意情况，包括公众的公开意见及情绪反应。公众的公开意见多围绕社会热点问题而展开，是舆情中外露的部分；情绪反应则可能外露，也可能不外露”。但舆论是在特定的时间或空间范围内，公众对特定的公共事务公开发表的、消除个人差别的、多数人的信念、态度、意见和情绪的总和。简而言之，舆情是“公众的意见和态度”；舆论则是“公众的言论”；民意是“人民共同的意见和愿望”。从这样的解释可以看出，舆情和民意有相近的含义，它们都是指民众的意见倾向，而舆论则被看作公众通过言论表达出来的共同意志。故所谓“众说纷纭”表现出的往往是舆情，“众口同声”表达出来的则是舆论。

媒介舆论是指通过媒介的信息传播活动而表现出来的一种社会舆论，它包括各种传播媒介，尤其是报纸、广播、电视等新闻媒介刊登的言论、来信、社会讨论、社会调查、民意检测等。就近代媒介舆论（1840—1927 年）而言，则主要是指通过报刊和其他出版物的信息传播而表现出来的社会舆论。虽然广播 1924 年开始在中国出现，其后的几年也有所发展，但仅限于少数几个城市（上海、哈尔滨等），还远未形成规模。故本研究所考察的“媒介舆论”中的媒介主要是指近代报刊及其他出版物。就其内容文本的形式而言，潘君健在 20 世纪 30 年代所提出的观点具有参考性。他认为报纸评论堪称民众的舆论和人民的喉舌，并把报纸评论大致分为 9 种：①社论——是代表全社意见和主张的论文。例如总主笔主稿，全社负责，发刊在报纸要闻的前面，但现在有许多报馆，是由本社的干部决定大纲，指定评论记者写稿。②时评——篇幅较社论为短，普通又称为短评或小言，文字要简洁生动。③专论——是对一紧要事件或一重大问题有系统的评论，有的是请专家撰著，有的是由对这个问题较有研究的记者写稿，篇幅较社论、时评为长。④来论——是社外投来的论文。经社中认为有发表价值，即在社论地位发表。⑤代论——是名人的论著或演讲，经社中认为与本社的主张相合，或有发表价值的，刊在社论地位，以代自撰。⑥特别论著——是遇纪念日出版临时增刊或特刊，向名人专家征集的论文。⑦征文披露——报馆就社会上一时争论不决的问题，命题向读者征文，开栏逐日披露，借以鼓起社会研讨问题的兴趣，提供解决问题的意见。⑧译论——选择外人所著有价值及本国有关系的论文，另开专栏刊布，介绍与读者做参考的资料。⑨述评——是就一时期所发生的重要新闻，为综括简明的叙述，而参以批评。虽然潘君健所论述的是报纸与舆论，但当时杂志还没有形成独立的概念，近代早期报与刊是不分的，“报刊”是指一种出版物，就是“报”。从近代第一份中文报刊《察世俗每月统记传》到维新运动时期的《时务报》《知新报》《农学报》等都是杂志的形式，直到 1936 年，国民政府立法院通过的《再修正出版法全文》，才正式把报纸与杂志、书籍等出版物区分开来。为达到研究样本的一致性要求，本研究以全国报刊索引中晚清期刊全文数据库（1833—1911 年）、民国时期期刊全文数据库（1911—1949 年）所提供的期刊和创刊于 1872 年、延续了 77 年的商业报刊《申报》以及近代思想精英撰写的书籍等为分析媒介，把其中与体育有关的言论并合某一时间内集中的体育新闻报道且具有明显舆论引导功能的新闻文本作为分析样本。

中国近代主要媒介——报刊与舆论的关系，近代报人和学者也有诸多认识。梁启超将报刊视作舆论的代表者与制造者，“夫舆论之所自出，虽不一途，而报馆则其造之机关之最有力者也”。徐宝璜认为新闻纸的功能就是代表舆论，“新闻纸欲尽代表舆论之职，其编辑应默察国民多数对于各重要事之舆论，取其正当者，著论立说，代为发表之。言其所欲言而又不善言者，言其所欲言而又不敢言者，斯无愧矣”。邵飘萍则认为：“新闻纸既为社会公共机关，同时即为国民舆论之代表。”通过他们的言论可以看出，近代报人与学者对有关报刊舆论功能已有了较深刻的认识。现代学者对近代报刊与舆论的关系则有更多的深化和理解，他们往往从个案出发加以分析和论述。吴果中认为，“《时务报》从有批判意识的公众群体和非政治化的公共政治问题两方面建构了中国近代公共舆论空间”。喻春梅认为：“近代报纸与舆论的关系可分为三种，报纸创造舆论、报纸代表舆论和报纸改革舆论。”孟庆澍则认为，报刊是近代舆论兴起的物质性条件之一。

无论是近代报人还是现代学者都认识到报刊与近代舆论呈现出一种紧密的联系，在近代中国，它们似乎一直作为孪生兄弟同时出现，互为依托，难以分割。舆论以媒介为工具手段，通过媒介来表现自己和发挥自己的影响；媒介则依靠舆论获得力量，实现其公共性。从报刊与舆论的角度看，中国体育近代化历程在一定程度上是媒介舆论在社会领域作为批判的力量和各方利益博弈的结果。

1.2.2 中国体育近代化的内涵及其研究现状

1.2.2.1 中国体育近代化的内涵

要把握中国体育近代化的内涵，首先必须把握好近代化与现代化这两个概念，但是对于究竟应该如何把握这个问题，在史学界存有不同的观点。罗荣渠认为“近代化”在中国历史中运用不合适，因为“近年来我国报刊发表的论述西方国家从封建主义向资本主义过渡、工业革命、日本明治维新、中国洋务运动等问题的史学论著中，有人使用了‘近代化’这个术语。其中有的用法显然是借自日本史，有的用法则是把西文的‘现代化’误译为‘近代化’”。而学者乔志强、行龙则认为，

"'现代'或'近代'总是相对于'传统'而言的。传统社会和现代社会是两种不同性质的社会，由传统社会向现代社会变迁的过程就是现代化的过程。就中国历史而言，1840 年发生的鸦片战争可视为由传统社会向现代社会过渡的界标，因为自此以后传统受到了现实的严峻挑战，中国人对现代化的探索已开始，中国近代史上发生的现代化过程便可称之为近代化过程。因此，结合国内史学研究的实际情况，称之为'近代化'更为妥帖和符合实际"。

就内涵而言，大多学者对于两者的表达虽不完全相同，但大同小异。徐泰来认为，"近代化主要表现在以下 3 个方面：一是在生产力发展方面，即手工操作向机器生产的变化；二是在生产方式方面，由封建主义向资本主义的变化；三是在政治方面，由封建专制向资产阶级民主共和的变化。近代化标志着人类文明进入一个新的高度的变化。近代化的核心、本质是资本主义化。所以，近代化可以叫作资本主义近代化"。罗荣渠指出，"现代化是一种技术和经济上赶超的历史过程，是从农业社会向现代工业社会转变的历史过程，是自科学革命以来人类急剧变动的过程，也是一种心理态度、价值观念和生活方式的改变过程，其实质就是工业化"。刘大年则指出，"近代化的核心是工业化。从落后的封建社会进到工业化，是与资本主义分不开的。中国封建经济相当发达，走向资本主义，实现近代化，是历史发展的一种趋势"。李文海认为，"始于晚清的中国近代化，也称作'现代化'，意思一样。近代化并不仅仅是一个经济问题，它从来就是一个经济、政治、思想、文化等各种因素综合作用的产物"。

虽然对近代化与现代化概念有着不同的观点和表达，但它们所揭示的内涵基本上是一致的，即中国近代的资本主义化。不过，与西方世界的近代化相比，在半殖民地半封建社会的中国的近代化具有明显特色，在工业化的同时伴随着政治、经济、文化等方面的变化，也是中国人民救亡图存，发展经济，追求民主政治的过程。鸦片战争后，"西学东渐"之风越来越盛，在这一历史背景下，西方近代体育开始在中国传播，从而在缓慢中开始了中国体育近代化的过程。基于以上认识，本研究中的中国体育近代化实际上指代的是中国体育的早期现代化或初步现代化，是中国传统体育向现代体育转化并相互结合的过程。为了与中国近代史相契合，本书把中国体育在近代走向现代化的过程称为体育近代化。

1.2.2.2 中国体育近代化的研究现状

目前，基于各国对现代化目标的现实期望，“体育现代化”一词在许多研究文献、专著甚至政府文件中都有所提及。理论界对体育现代化的相关研究已经取得了一定的进展，尤其是对现当代体育现代化的研究，譬如：当代中国（包括不同区域或地区）体育现代化指标体系以及不同类别体育现代化研究成为体育领域研究中的一个热点问题。按照这一逻辑，作为我国体育现代化发展初期的体育近代化研究理应受到同等的关注，自20世纪80年代兴起的近代体育史研究及其丰富成果也似乎力证了这一点。诚然，体育界和史学界对于近代体育兴起、近代体育教育、近代体育思想等问题均予以了较为详尽的考察和有益的思考，使我国近代体育史确立了自己的基本框架，并呈现出越来越丰富的内容。但有关体育近代化的研究却呈现出另一种面貌，不但研究成果数量少，而且缺少专而深的研究。到目前为止，通过中国知网所能查找到的与“体育近代化”（包括主题、关键词、篇名等）相关的学术性研究文章仅12篇（这里并不排除各种其他文献对体育近代化的论述及其贡献，在此仅就专门论述而言）。

熊斗寅先生虽然最早提出了体育现代化的概念，但对于近代体育的阐述只有寥寥几笔，并未对体育近代化问题加以详述。“体育近代化”一词最早出现在《“西学东渐”与中国体育近代化》（1992年）一文中，作者肖冲试图“揭示近代中国中西方体育由冲突而至于融合的一般趋势，认识冲突与融合在过去已经达到的广度和深度”。1993年，熊焰对中国体育的初步现代化做了比较详细的阐述和反思。他认为：“一部近现代中国体育发展史就是一部中国体育吮吸西方体育精华并逐渐走上现代化之路的历史，它始于19世纪60年代对德国、瑞典、日本兵操的移植。迈出这一步，既是世界体育发展的需要，也是因为中国国内变革为体育的发展提供了良好的氛围。果断的抉择和艰苦的摸索使中国体育终于发展成当今的模样，并成为世界体育中一股不可忽视的力量。”这一研究首次对体育近代化问题从史学和社会学的角度进行了阐述和分析，突破了以往“寻根史学”的范畴。徐忠提出了世界各国体育近代化的几种模式：原生、次生—殖民、继生3种类型，并对各种类型的代表性国家体育近代化模式进行了探讨。他认为中国属于继生型模式，因为“1840年鸦片战争以后，帝国主义列强用武力迫使中国打开了封闭近400年的国门，中国逐渐沦入半殖民地半封建社会，近代教育和体育也随之进入中国”。

就中国近代体育而言，民族主义有着根深蒂固的影响，鸦片战争后，虽然“华夏中心观”受到前所未有的挑战，但根植于中华民族血液中的“华尊夷卑观”，并未因此而退出历史舞台，相反，在晚清以降的特定历史背景下，它与近代西方民族主义一道，共同构成了中国近代民族主义的思想来源。无论是激进主义者（谭嗣同、孙中山等），还是保守主义者（康有为、梁启超等）和自由主义者（严复、胡适等）都与民族主义有着密切的互动与对应关系。更何况救亡、争取中华民族的独立是近代中国面临的首要主题与近代历史发展的主旋律，这就使得民族主义成为中华民族绝大多数成员凝聚共识的思想基元，成为各派人物、各种思潮共同高擎的一面大旗。中国体育在近代走向初步现代化的过程也不例外。

上述有关近代体育及体育近代化的研究成果为本研究提供了坚实的基础，同时也不可否认，到目前为止，有关中国体育近代化的研究的深度尤其是在“各个角度的微观研究还有待进一步挖掘，如在报刊史研究方面，还需要继续搜集和整理大量的史料”“相关的社会史研究方法还只是停留在对具体活动的表面认识上，与现实结合得不是很紧密”等，这些问题都是当前近代体育史研究亟待努力的方向。更何况体育近代化是连接中国传统体育与现代体育，使中国体育走向现代化的转折点，其研究的历史纵向规律性和现实的启发性都有着重要史学价值和现实意义。

1.2.3 媒介（舆论）与中国近代体育研究现状

薛文婷在《中国近代体育新闻传播史论》一书中提出：“目前，国内关于中国近代体育新闻传播的研究还处于初始阶段，相对于中国近代体育新闻传播近百年的历史和丰富的内容，相对于当代体育新闻传播的蓬勃发展，这不能不说是一种缺憾。”时间虽然已经过去了4年，但中国近代体育新闻传播研究的现状并没有太大的改观，无论是研究的深度、研究的体系还是研究的对象都依然十分有限和薄弱。就媒介与中国近代体育的论述而言更是凤毛麟角。笔者在中国期刊全文数据库中分别以“媒介（传媒）+（近代）体育、报纸（刊）+（近代）体育、期

刊 + （近代）体育、杂志 + （近代）体育、舆论 + （近代）体育”，用“主题、篇名、关键词”的方式查询的文献，仅有11篇，其中硕士学位论文4篇：《〈申报〉中的上海近代体育研究（1872—1919）》（王荷英，苏州大学硕士学位论文，2005）、《抗日战争时期〈新华日报〉对中国近代体育发展的影响》（刘涛，苏州大学硕士学位论文，2005）、《〈申报〉中的上海近代体育研究（1927—1937）》（于海，山东大学硕士学位论文，2009）、《晚清民初体育期刊的肇始与发源——以〈体育界〉与〈体育杂志〉为例》（朱姝，西北大学硕士学位论文，2010），学术论文7篇：《〈大公报〉与土洋体育之争》（冯玉龙、朱向中，《体育文化导刊》，2006年第7期）、《解放前我国〈申报〉奥运报道分析》（薛文婷等，《北京体育大学学报》，2007年第6期）、《试论适于“人身”与“人生”的体育观——以1918年长沙的〈体育周报〉为个案》（陈肖玥，《新闻世界》，2009年第12期）、《上海近代体育报刊发展研究》（匡淑平、虞重干，《体育文化导刊》，2009年第8期）、《〈东方杂志〉对近代体育的传播》（邱凌云，《成都体育学院学报》，2011年第5期）、《民国期刊〈山西国术体育旬刊〉与武术传播》（杜舒书、郭志禹，《体育文化导刊》，2011年第5期）、《西式话语在中国语境中的传播——以〈玲珑〉杂志译介“健美”为例》（叶青青，《新闻爱好者》，2012年第1期）。但以上文献或在研究角度，或在研究历史时期上与本研究有所不同，或只研究了部分媒体舆论对近代体育的影响，或只研究了媒体舆论对部分群体体育活动发展的影响。涉及媒介舆论与中国近代体育的系统研究，截至目前基本上是空白。

1.2.4 研究现状评介

综观以上之研究现状，有以下几点值得思考。

第一，就研究变量而言，无论是（媒介）舆论还是近代体育都是各自学科领域研究的热点问题且历久弥新。舆论、媒介舆论研究日益受到重视，它的理论研究正在走向深入，舆论学也将成为社会科学中的一门重要学科。近代体育研究已经取得了丰硕成果，体育近代化与体育现代化一脉相承，从历史、现实与未来的角度看，体育近代化研究将会越来越受到重视。但就两个变量的因果或相互关系的探讨，则显得相对薄弱，一方面是学科交叉所带来的理论运用与把握的学理论述困境；另一方面则是在中国现代语境下，由于国人对舆论认识的局限性，将媒介舆论与中国体育近代化发展放置到遭遇“千年未有之变局”与大国百年现代化转型之中加以发掘和考察的现实困境。

第二，就史料的运用而言，现有研究存在 2 个倾向：一是重媒介史料，轻理论论述。注重“寻根”，缺乏观点的提炼和理论的分析。往往把史料当史学，“考据”痕迹明显。二是史料的运用缺乏历时性的纵向路径把握，往往以某一特定媒介的时空文本作为分析样本，过去、现在和未来联系性不强，失于零散，缺少全面、系统的分析和论述。

第三，就研究视角而言，现代化的研究视角虽已介入中国近代体育史研究，但并没有直接实现中国近代体育史学界以史服务于现实的愿望。有关体育近代化（现代化）的研究数量偏少，缺乏从不同学科理论分析的视角，新闻传播学理论介入中国近代体育史的研究还处于起步阶段。随着媒介史料查询信息化技术的发展和积累，这一缺陷将会逐渐被突破。

第四，就研究方法而言，文献资料分析法运用普遍，但历史分析的方法较为单一，历史系统分析法最为常用，大多研究把中国近代体育历史作为一个整体的系统加以分析研究，历史比较分析法和历史计量分析法运用较少。

第五，就研究对象而言，现有研究存在两个问题：一是对近代媒介的把握缺乏科学依据，对不同性质的报刊文本的混合运用，没有正确区分政党媒介、制度性传播媒介①中的报刊、市场化报刊的区别。二是“多为对体育专业期刊的介绍和研究，对综合性报刊的体育新闻传播涉猎较少”。

反思以上问题，笔者认为要在媒介与社会互动框架中坚持新闻本体论和认识论的价值取向，以历史纵向的厚度观照中国体育近代化历程，这也是本研究的理论背景与立论基础。

---

① 张灏在《中国近代思想史的转型时代》中提出两个概念，一个是制度性传播媒介，另一个是社群媒体。其指出报章杂志、新式学校与自由结社构成了转型时代的 3 种核心的制度媒介。之所以称为制度性传播媒介，其原因是这 3 种制度媒介造成了两个特别值得一提的影响，“一个是它们的出现是 20 世纪文化发展的基础建构的起端，另一个是公共舆论的展开”。

1.3 研究的重点、难点

重点：叙述、阐释近代中国体育舆论的媒介建构轨迹，探索中国体育近代化的发展路径及其演变过程，凸显媒介舆论在体育近代化过程中所扮演的角色，诸如革命报刊与中国体育近代化、商业化报刊与中国体育近代化等。

难点：探究 1840—1927 年媒介功能既要关注报刊和其他出版物本身，更要研究其与体育近代化之间的关系。从总体上看，这一时期思想启蒙不够深入，精英意识与大众思潮之间有相当的距离，这种距离的拉近只能通过“开民智”，养成民众在体育价值取向上的理性。加之不同性质的报刊等有关不同政治取向和价值观念，如何广泛深入地揭示媒介舆论与中国体育在近代走向现代化的过程及其关系，是本研究探索的难点。虽然中国近代舆论的变迁呈现阶段性递进的特征，但舆论新陈代谢的过渡中不同政治派系掌控下的媒介在舆论交锋中角色有差异，如何在不平舆论环境中对体育近代化加以阐释是研究过程中遇到的另一个难点。

1.4 研究的理论和应用价值

研究的理论和应用价值表现在 3 个方面：

第一，历史遗产的整理。中国近代媒介的史料浩如烟海，涉及与体育近代化有关的舆论散落在不同历史阶段的不同媒介之中，过往研究对于近代体育舆论的发掘要么过于零散，要么缺乏连续性。较为系统整理中国近代以来媒介有关体育在近代走向现代化的舆论思想内容，既可为中国（媒介）舆论学提供史料支撑，也可丰富中国近代体育史史料。

第二，现实意义。大众传播时代，现代体育事业的发展与媒介舆论的正确引导密不可分，意大利历史学家克罗齐曾经说过：“一切历史都是当代史”，探讨媒介舆论与体育近代化发展可为当代中国体育现代化的发展提供现实的借鉴和启示。

第三，学术研究范式上的有益探索。本研究主要是从中国近代媒介舆论出发，探讨中国体育在近代走向现代化的过程，它对推动中国近代体育史与媒介舆论学理的交叉研究有所助益，在学术研究上也是有益的探索。

1.5 研究框架——一种“看的方式”

要确定研究对象，本应在此先阐述近代中国的历史分期问题，但目前近代史学界已基本统一了对中国近代史和中国现代史的分期，以1840—1949年的中国历史作为近代史研究的对象。本研究以这一主流共识为准。为确定研究框架，以下主要就研究范式和研究对象加以说明。

1.5.1 研究范式

就范式而言，目前国内学者大多沿用美国科学哲学家托马斯·库恩的观点，它将“范式看作一种科学成就，一种具有两个特点的科学成就。这两个特点为：足以空前地把一批坚定的拥护者（科学共同体）吸引过来，使他们不再去进行科学活动中各种形式的竞争；足以毫无限制地为一批重新组合起来的科学工作者留下各种有待解决的问题”。事实上，库恩后来对于范式的内涵与外延又有了新的理解。但范式并非想象得那么晦涩，正如库恩对范式的喻说，它只是一种用来类比的具体“图像”，一种“看的方式”。历史与新闻都是一种认识的真实，后人永远无法还原其真实面貌，我们所能做的只是解读和诠释。这种“看的方式”就是我们研究与思考历史的框架范式。

目前学界基本把革命史范式和现代化范式作为中国近代史研究的两大基本范式。革命史范式主要从阶级矛盾的视角出发揭示历史发展的内在规律，而现代化范式则以“现代化”为视角考察中国近代以来的历史。虽然现代化是一个世界性进程，但从前文文献综述不难看出，无论是中国近代媒介舆论，还是中国体育在近代走向现代化的过程，都是围绕着近代中国面临的首要主题与近代历史发展的主旋律：救亡、争取中华民族的独立，民族主义的特征在中国体育近代化的过程中体现得非常明显。同时，中国体育近代化是一个从传统向现代的过渡，是中国传统体育向现代体育转化并相互结合的过程。基于此，本研究采用革命史范式为主导，兼采现代化范式分析媒介舆论与中国体育近代化问题。在分析的过程中，注意从现代化理论的角度，更多关注社会经济的发展，更多关注社会变迁及其对于体育近代化进程的作用，以完善革命史范式存在的某些不足。这种多角度“看的方式”更有利于我们认识媒介舆论与中国体育近代化进程。

1.5.2 研究对象

根据以上讨论和分析，将研究对象确定为1840—1927年媒介舆论与中国体育近代化发展。就近代媒介舆论（1840—1927年）而言，则主要是指通过报刊及其他出版物的信息传播而表现出来的社会舆论。期刊：选择晚清期刊全文数据库（1833—1911年）和民国时期期刊全文数据库（1911—1949年）中部分期刊有关体育的报道为分析文本；考虑到分析的延续性和历时性，本研究选择横跨同治、光绪、宣统、民国至中华人民共和国成立前，存世77年之久，被称为“中国近代史百科全书”的《申报》作为中文商业报刊的典型样本，并以其体育报道为分析文本；书籍等出版物主要选取近代思想精英有关体育的论述作为分析文本。

1.6 研究思路、内容框架及研究方法

1.6.1 研究的基本思路与内容框架

本研究以中国体育近代化进程中媒介舆论的建构为逻辑起点，下延至1927年南京国民政府成立前（从严格意义上讲，应当从近代舆论发展进程的角度确定下延，这样的话，定为五四新文化运动结束前后更为合适。把1927年作为结点，更多的是从传统历史划分的角度考虑）。笔者采用媒介与体育建构的理论分析框架，解析1840—1927年中国体育近代化发展历程。既从外缘的角度检视现代西方体育文化对中国近代体育的冲击与近代传媒空间上的位移关系，也从内缘的角度对不同舆论场域对体育近代化的影响进行比较分析，通过对比进一步分析出媒介舆论在中国体育近代化过程中的具体作用。研究采用阶段分析的结构方式，首先对每一阶段或时期的舆论总体状况回顾与评述，以厘清体育近代化与舆论

之间错综复杂的关系，探讨媒介舆论在中国近代体育建构及走向近代化的过程中扮演的角色；其次通过描述和分析近代中国舆论变迁背后的政治、经济和社会等复杂的背景，特别是阐述和解读近代报刊等传媒多元下的舆论传播，旨在使得这段历史呈现丰厚的时代感和立体感。本研究以近代媒介舆论的阶段划分为主体框架，循着媒介不同阶段体育舆论的特征，结合中国近代史和中国近代体育史发展脉络的关键节点划分为萌芽、转型、生长和重构4个阶段。具体研究思路及内容框架见图1。

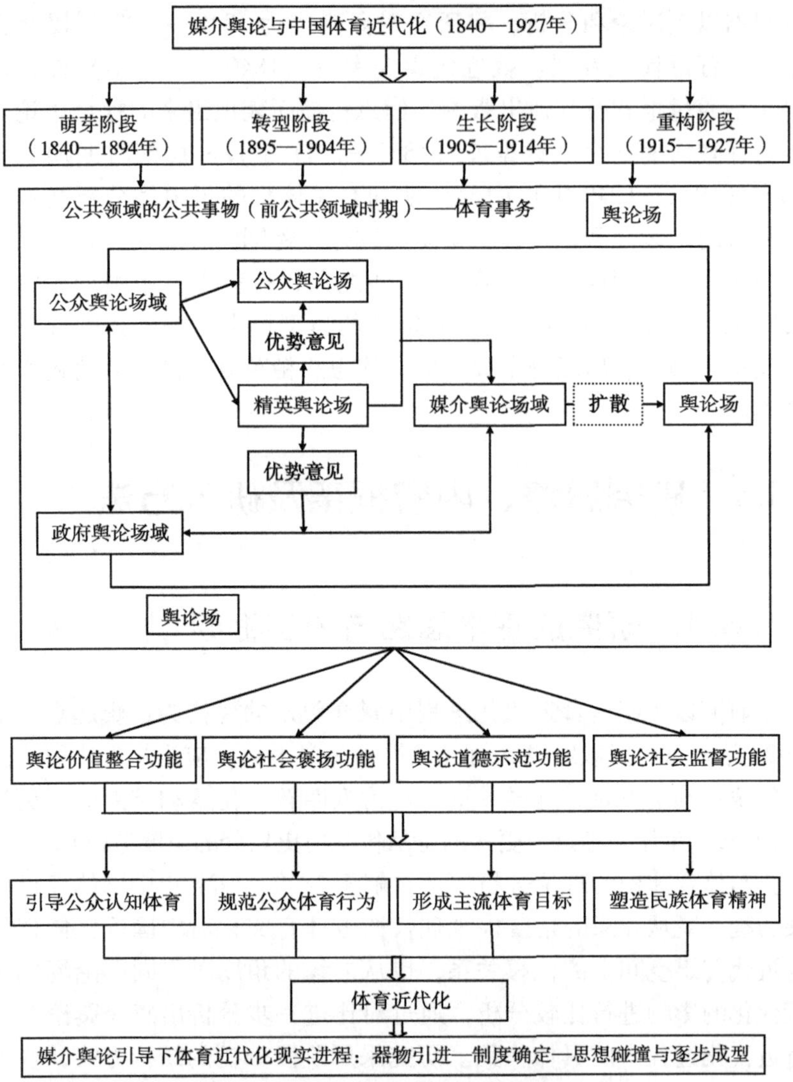

图1　研究思路及内容框架模型图

对模型图及相关概念的几点说明。

（1）由于学者对近代公共领域在不同时期的存在形式有分歧，为不引起歧义，在此统称为“前公共领域时期”。

（2）媒介舆论场域中的媒介在近代主要是指报纸和期刊等出版物，在不同阶段、不同时期应视报刊的性质（如革命报刊、改良报刊、商业报刊等）进行分类阐述并加以比较分析。

（3）对图中“精英舆论”中“精英”的理解。

郭莹认为，“在中国近代化运动中曾经产生重大影响的文化精英人物，大致可以分为思想精英与政治精英两大类型”。由于近代政治精英大都代表政府立场，故把它列入政府舆论场域中。至于思想精英，具体可以分为两大类。

第一类：思想家精英类。其大致可以分为 4 个序列：第一序列：龚自珍、魏源、徐继畬；第二序列：冯桂芬；第三序列：康有为、梁启超、严复；第四序列：孙中山。

第二类：知识精英类。其具体包括专家学者型的知识精英（如徐宝璜、亦尔等）和以言论为职业或事业的知识精英（如王韬、张季鸾等）。

以上两类精英在具体现实中涉及某个具体人物时可能有一定的交叉和重叠（如梁启超既是思想家类的精英，也是知识类的精英），而且具体人物会随着人生际遇而发生前后矛盾的选择，在研究过程中笔者策略性地取其核心的方面。同时，精英思想的扩散过程是一个两级或多级传播模式，影响着其他舆论场。

（4）以整个近代舆论场域作为一个分析系统，是为了立体地呈现舆论的历史面貌，但在分析过程中则以媒介舆论为重心，以媒介舆论与中国体育近代化过程为主题线索展开。

（5）在思路形成的基础上，基于文献及相关知识的判断，形成以下 2 个基本假设。

假设 1：在中国近代体育发展初期，精英舆论场与政府舆论场对公众舆论和媒介舆论的影响较大，这一时期精英和政府或联合，或单一成为主导，因为精英与政府在某种情况下可能是相悖的，逆主流或逆历史潮流的舆论终究会被淘汰，而顺应主流和历史的舆论终将爆发。

假设 2：在 1927 年之前的中国近代，传统纸质媒体（报刊等）是影响中国体育近代化的第一舆论机构，无论是公众舆论场还是政府舆论场，主要都是借助传统媒介来实现的，因为当时还并没有第二舆论机构（如公共关系公司、民间测验机构等）的存在。

1.6.2 研究方法

本研究采用定量与定性相结合的研究方法，定量研究以历史计量分析法为主，定性研究以历史系统分析法和历史比较分析法为主。

1.6.2.1 文献资料法

文献资料主要体现在 2 个方面：一是史料，即选取 1840—1927 年这一时段相关的报刊及其他出版物等文本，也包括查找一些相关人物的个人传记、回忆录等资料，目的是了解他们当时的思想认识，以便更客观地呈现历史；二是与论文相关的研究成果。对文献资料进行系统的归纳、整理和分析。

1.6.2.2 历史分析法

“通过搜集和整理获得史料，并不是历史研究工作的终结，而是这一工作步入了一个新阶段起点的标志。在新阶段工作中，将通过对所获史料的分析研究，得出能够揭示历史过程、本质及规律的认识。”本研究主要运用的历史分析法包括历史比较分析法、历史系统分析法和历史计量分析法。

历史比较分析法：体现在 2 个层面的比较，一是就不同阶段、不同舆论场域对体育近代化的建构与影响的比较；二是纵向的比较，即不同阶段媒介舆论对体育近代化发展影响的比较。

历史系统分析法：主要是对中国近代历史系统内媒介舆论与体育近代化的关系及其在历史过程中的变化进行结构分析。

历史计量分析法：运用统计学方法和电子计算机技术等，通过各种数据关系，对近代体育报道进行定量统计。这一方法在本研究中主要是作为定性研究的一个辅助方法使用，通过对近代报刊相关体育报道数量或报道类别等的统计，从议程设置理论的视角来考察媒介舆论对中国体育近代化的影响，以期从总体上把握每一历史阶段体育报道的显性特征。

2 媒介舆论与中国体育近代化的历史阶段划分

2.1 近代媒介舆论、体育变迁概述

史家的职责，就是在“极散漫极复杂的个性中而觑见其实体，描出其总相，然后因果之推验乃可得施”。近代媒介话语史料提供了当时历史语境下各种社会现象、社会思潮的阐释和前因后果之变迁事实。本研究对于媒介舆论构建中国体育近代化历史轨迹的描述，对于媒介舆论与中国体育近代化历程互动因果的探寻，必然离不开对中国近代媒介、媒介舆论和近代中国体育变迁的把握。因此，在展开论述之前，有必要对媒介（舆论）和近代中国体育变迁做简要说明和介绍。

2.1.1 近代媒介与媒介舆论

谈到媒介，首先，很多人往往把它与报纸、广播、电视等大众传媒联系在一起，传播学者丹尼斯·麦奎尔等认为，“大众传媒由一些机构和技术所构成，专业化群体凭借这些机构和技术，通过技术手段（如报刊、广播、电视等等）向为数众多、各不相同而又分布广泛的受众传播符号的内容”，具有类似观点的人确实不在少数。就历史发展的角度看，媒介最起码经历了口语、书面、印刷和电子传感4个阶段。显然，上述观点着眼点在现代，是对现代大众传播媒介特征的界定，并没有涉及媒介的整体历史概貌，既不完整也不科学。正是在这个意义上，传播学者威尔伯·施拉姆等主张：“必须把大众媒介出现之前就已经存在的能够表达意思的鼓声、烽火以至于宣讲人和集市都归于媒介一类，因为它们都扩大了人类进行交流的能力。”这一界定已经关涉到媒介的广义层面。

其次，关于媒介的种种争议，总会让我们想起加拿大人麦克卢汉关于“媒介即信息”的观点，同时也会联想到美国大众传播学家丹尼尔·杰·切特罗姆在《传媒媒介与美国人的思想》一书中所提到的“每一种传播媒介都是制度发展、公众反映和内容的渊源”的论断，因为这些观点浸淫了技术决定论的论调，对此很多人嗤之以鼻。事实表明，媒介技术决定论绝不是一个简单的极端命题，媒介以其特有的符号系统制约和改变人的认识能力和思维方式，进而影响到文化构成和特点，媒介的决定是以一种潜移默化的方式实现的。上述观点也从另外一个角度申明了媒介在社会变迁中的重要作用。中国近代媒介不仅包含有现代大众传播媒介中的报章杂志，也涵盖了晚清以士（清末慢慢转化为现代知识分子）为主的精英立言的书籍等其他印刷品，它们与新式学校、自由结社构成了中国近代思想转型时代的3种核心制度媒介。笔者拟在这一层面上来考证晚清媒介的结构、发展形态及其公共领域中的公共体育舆论。

近代媒介的变化直接导致近代舆论的转型和变迁，1840年鸦片战争之后，中国原来相对封闭的国门被拥有近代种种优势的西方国家以坚船利炮给打开了，从此，中国不情愿地加入世界秩序中，沦为半殖民地半封建社会，救亡图存、追求科学与民主成为近代历史发展的主题，随之中国社会舆论也增添了新的内容和参照系，以“清议”“官报”为主的古代舆论开始向近代舆论缓慢过渡和转变。但在晚清以降最初的半个多世纪里，虽然创办了两百多种报刊，但以外国传教士和商人出版的报刊为主，国人自办报刊很少，除香港的《华字日报》、上海的《申报》、王韬创办的《循环日报》等几家以外，可以说是寥若晨星，我国报刊舆论主权如同政治、经济权利一样，严重丧失。不过，外报在客观上传播了西方文化，既给国人带来了大量的西方近代自然科学和社会科学等新知识和新信息，开拓了国人视野，动摇了国人固有的思想观念和价值观念，也让国人开始对报刊等大众传播工具的舆论监督作用有了初步的认识和思考。此外，在话语权被外人及外报控制之时，中国知识分子开始逐渐觉醒并尝试重建话语权，一些怀抱“天下兴亡，匹夫有责”的传统士大夫，在空前的危机与挑战面前，都有所思考、有所献替，于是产生种种救亡图存的思想与主张被拿来向国人宣传，并互相推引、互相激励，演而成潮，从另一层面推动着古代舆论向近代舆论的不断孕育和转化。

甲午战败促发了中国新的政治改革运动，“到1895年以后，因梁启超主办《中外纪闻》与《时务报》的成功而带来国人办报的第一次高潮。中国首批具有近代意识的政治家开始利用近代传媒来开启民智，组织社会舆论，以配合改造中国的政治斗争，从而改变了中国社会舆论的形态：科学与民主作为近代文明的核心内容成为新的评价标准；近代新闻传媒的广泛参与，使中国有了贯通上下、联络左右的近代舆论工具和舆论中心”。1905 年科举制度被废止，标志着传统中国的士开始向现代知识人转型，无论是专家学者型的知识精英，还是以言论为职业或事业的知识精英，他们大都依托具有强大传播效果与影响的制度媒介之首——报刊向受众市场发表意见与观点，形成一个两级或多级传播模式的近代舆论场域。“如果说 1895 年前，中国社会舆论只是缓慢地由古代向近代蠕动的话，那么，1895—1905 年这 10 年间，则是突飞猛进，发生了质的变化。接受了资产阶级思想启蒙的广大民众，开始自觉地利用资产阶级的民主意识和科学文化知识来分析、认识时事。舆论评价标准逐渐实现了民主化与科学化。而在各种社会运动和变革中，舆论主题无不激荡着反对帝国主义侵略和反对封建主义束缚，争取民族独立和发展的回响。新闻媒体则积极发挥其舆论机关之功能，成为近代社会最有力的舆论工具，从此开始，中国社会舆论高潮迭起，一直保持着积极进取的势头，成为促进社会变革的经常的、持久的力量，扎根在中国近代社会，不断推动中国社会向前发展。”

2.1.2 中国近代体育变迁

中国近代体育，是指 1840—1949 年这段时间在中国流行和实践的体育，本研究主要涉及晚清时期的体育、民国初年和北京政府时期的体育。它主要包括中国传统体育和由西方传入的近代体育。这也是中国体育文化的一元结构开始解体，中国传统体育与西方体育共存的二元结构开始慢慢建立的时期。鸦片战争后，中国逐步沦为半殖民地半封建社会，随着民族矛盾和阶级矛盾的加剧，一些先进的中国人开始向西方寻求救亡图存的道路，“师夷长技以制夷”成为晚清国人向西方学习的真谛，西方近代体育在这种历史环境下传入中国，并逐步居于近代中国体育的主导地位。从最初洋务派“新军”和“新学”中的“体操”到清末的军国民体育都是其集中的体现；同时，各种教会及其所办的报刊积极传播西方体育文化知识、开展各类体育文化教育活动，推动中国体育逐步迈向近代化的道路。戊戌维新进一步推动了近代西方体育在中国的传播与发展，尤其是促进了西方近代体育思想和理论在中国的传播和发展，西洋兵操被引进了学校教育，人们开始从德、智、体三育并重的角度讨论人才培养的问题，使得近代中国人能够从更深的层面上认识西方体育和接受西方体育，推动了近代西方体育在中国由军队向学校、由学校向社会的传播，从而将近代中国体育引向了全社会。辛亥革命不但埋葬了几千年的封建君主专制制度，传播了民主思想，也促进了国人的觉醒，新文化运动更是给思想文化领域带来了巨大的变革，并最终导致了健身、娱乐、竞技体育观念的形成。

对中国近代体育阶段划分的问题，学界有不同的观点（鉴于本研究的时间节点是 1927 年，故以下阶段划分不涉及 1927 年之后的介绍），谭华从近代体育发展的特性出发，把中国近代体育划分为以下几个阶段：近代西方体育的初步传入（1840—1902 年）；近代西方体育的大规模引进（1903—1911 年）；半殖民地半封建体育的初步形成（1912—1928 年）。肖冲则抓住近代体育最有代表性并对今后发展产生决定性影响的历史事件来划分阶段：中国近代体育思想的酝酿及近代西方体育的初步传入（1840—1862 年）；近代体育的引进和较大规模传入（1862—1903 年）；近代体育的具体实施（1903—1924 年）；近代体育制度的订立（1924—1937 年）。徐素卿则以半殖民地半封建社会体育的高涨、低落、变化的线索为主要根据，把近代体育划分为：中国传统体育的逐渐衰落和西方近代体育的输入时期（1840—1902 年）；半殖民地半封建社会体育的形成时期（1903—1917 年）；体育科学化的奠基时期（1917—1927 年）。罗时铭主编的《中国体育通史》则直接分为晚清时期的体育（1840—1911 年）和民国初年与北洋政府时期的体育（1912—1926 年）。以上几种观点虽有一定的差异性，仍存在几点共识：第一，对中国近代体育的起点和结点认识是一致的；第二，把清朝于 1904 年公布和正式实施的《奏定学堂章程》，即“癸卯学制”作为中国近代体育史上一个带有根本性的重大转折节点；第三，以“西学东渐”为线索，阶段的划分过程中充分考虑了西方近代体育知识、思想观念在近代的传播及历史变迁。

笔者无意对中国近代体育阶段划分做评析和探究，只是为了更好地认识中国体育在近代的传播，正确把握好媒介舆论与中国体育近代化的阶段划分。本研究着重考察的是中国体育在近代走向初步现代化的问题，因此，在历史阶段划分的过程中必须要考虑到与近代化相关的体育节点，尤其要考虑到西方体育在近代中国从器物传播、制度传播到观念传播的重要史实。为此要关注两条基本线索：一是近代体育从军队—学校—社会的演进历程；二是近代不同思潮主导下的体育变迁。以纵向传承的史学视角为主，辅之以“体育文化”的视角与媒介舆论的细微考证，立体考量媒介舆论与中国体育近代化的问题。

2.2 媒介舆论与中国体育近代化的4个历史阶段

2.2.1 历史阶段划分的依据

从历史编纂学的角度看，历史阶段的划分是清晰地阐述、理解和解释某一时期历史经常使用的技术手段，因为“历史的内容本身是连续着发生的，以因果的互动方式、以偶然的和突发的方式，或者以重复的方式。而历史分期的本质是人们为了使自己的知识得到一种更简单的从而更有说服力的表述而把连续的历史内容依照从某种特定的角度选择的事实和一定的观念体系分为段落”。在实际运用的过程中，存在阶段和时期两种不同的使用方式，科学意义上的时期一般表示两者质的区别；而阶段具有比较明显的过渡性，它一般指同一性质内容处在不同的过程中。就本研究而言，中国近代体育和媒介舆论两个变量的发展史并不长，各种社会要素都对它发生与发展的过程产生过影响，每个阶段虽然呈现出不同的特点，但彼此的连续性非常强。因此，划分媒介舆论与中国体育近代化的发展过程这一问题称为阶段似乎更确切些。考虑到历史阶段划分作为一种知识本身具有反历史的性质，我们不能简单地用“正确”与否来衡量和评介，用“可取”与否来衡量可能更为适当，这样的阶段划分更有助于历史叙述和解释，同时也可避免阶段划分所带来的严格排他性。

本研究以中国体育近代化进程中媒介舆论的建构为逻辑起点，下延至1927年南京国民政府成立前，历时88年，经过晚清、民初和北洋政府时期，如果完全按照中国近代史历史分期对其进行阶段划分，显然既不科学也没有充分的说服力，无法从媒介舆论的角度对中国近代体育走向初步现代化的发展史进行阶段性的整理和分析，更无法从历史纵向的厚度观照中国体育近代化的发展路径。当然，历史阶段的划分也不能完全摒弃中国近代历史传统的分期方法，毕竟中国近代体育不能脱离当时的政治、经济、文化和社会历史背景。鉴于此，本研究以近代媒介舆论的阶段划分为主体框架，循着媒介不同阶段体育舆论的特征，结合中国近代史和中国近代体育史发展脉络的关键节点来进行阶段划分。

2.2.2 4个历史阶段

2.2.2.1 萌芽阶段（1840—1894年）

晚清以降，随着中国现代报纸的产生与发展，文人论政借助现代大众报刊传媒与西方舆论理念而登上历史舞台，但在甲午战争失败之前，国内报刊数量已形成较大规模，1865—1895年，全国共新办中文报刊86种，外文报刊91种。这些报刊大多属于宗教性、商业型和格致类（近代西学有关自然科学的总称，如物理、化学等）的报刊，关注社会实际、谋求进化民众思想的近代性报刊还极少，敢于“讽清廷以改革”，呼吁“言时事，言恶行”的政论性报章更是鲜有所见。因此，这一时期的媒介舆论还处于萌芽时期。有关“体育”的报道仅限于对西方体育文化知识的介绍，“体育”言论大都没有脱离中国传统体育观。在报刊中，公共性的实践还只是零星存在。《循环日报》是早期近代报刊公共性的代表。“与王韬同时代的许多文人并没有广泛利用报刊论政，他们更重视刊刻书籍或上书官员以表达政见，如冯桂芬的《校分庐抗议》、郑观应的《盛世危言》以及后来邵作舟的《邵氏危言》、汤寿潜的《危言》、宋恕的《六斋卑议》、陈炽的《庸书》等，换句话说，这些著作与上书、报刊政论之间都是互通的，都具有资政的性质。”晚清传统的士以“经世致用”的眼光，阐发对“蛮夷小技”——体育的看法，而洋务派则在“中体西用”的思想指导下，在实践中传播以洋操、洋枪、洋炮为主要训练内容的西洋兵操，向国人灌输最初的体育强兵的观念。

2.2.2.2 转型阶段（1895—1904年）

甲午战争之后，国人自办报刊风行，报刊文字逐渐得到读书人的认可，报刊政论逐渐取代上书成为文人论政最主要的也是影响最大的一种方式。这也预示着带有强烈的忠君爱国、抵御外侮、实施仁政、整治吏治等思想的中国士大夫“清议”传统逐步走到了历史尽头，虽然“回光返照”的晚清“清议”是传统与现实相结合的产物，也曾给衰败的社会带来了一线改革的生机，但囿于其自身的局限性和无法阻挡的历史潮流，到19世纪末20世纪初期，“清议”开始向现代舆论转变。此时，各种舆论之说甚嚣尘上，其中尤以梁启超于1902年在《新民丛报》上发表的《舆论之母与舆论之仆》一文中所提出的“引导舆论”之说所产生的社会影响力最大。随着1905年科举制度被正式废除，标志着儒学与普遍王权结合的制度性渠道彻底崩解，具有新知的高级士人组成的报人群体逐渐形成，从传统的士过渡而来的新型知识分子以报刊为参与政治的工具营造出了晚清新型舆论空间，报刊不再是朝廷法令或官场消息的传达工具，而逐渐演变成一种官场以外的社会的声音。在这一转型的过程中所发生的维新运动促进了“西学”的传播，西方近代体育思想和理论也得以在中国传播和发展，体育成为与德育、智育并重的人才培养观念得以形成，军国民体育教育思潮开始被早期留学的新兴知识分子在报刊中大力宣扬。

2.2.2.3 生长阶段（1905—1914年）

把1905年作为这一阶段的起点，原因有三：第一，1905年9月2日，延续了1300余年的科举制度被废除，科举取士与学校教育实现了彻底分离。它宣告了现代意义上的知识阶层横空出世，现代报刊为他们提供了“以言报国”的广阔舞台。第二，清政府于1905年7月16日发布上谕：“特简载泽、戴鸿慈、徐世昌、端方等，随带人员，分赴东西洋各国考求一切政治，以期择善而从。”这引起了朝野各界的关注和剧烈的交锋，革命派、立宪派等纷纷利用自己的舆论阵地——报刊对社会舆论实行控制和反控制、争夺和反争夺，整个社会在他们的引导下开始进行共同的文化反思，对体育文化的反思也被纳入这一舆论之争的范畴之中。第三，辛亥革命前，出现了中国新闻事业史上的第二次国人自办报刊高潮，各派报刊在激烈的政治斗争中发展壮大，报刊的战斗作用得到充分发挥，社会舆论空间更加开放、自由，传媒的公共性有较大生长。最重要的是，自1905年至民国初年，全国先后总共发行报刊达600多种，其中为政府所控制的还不到10%，可以说，大众传播媒介民间化的趋势相对甲午战后的10年更加迅猛，从而铸就了清末民初具有鲜明特色的公共舆论空间。军国民思想潮流与这种自主、抗争、独立的民间公共舆论扩张的疏离强度紧密相连。以上 3 个要素的结合，不但为中国近代体育从军队走向学校、从学校走向社会扫清了最后的障碍，也为其架构了良好的社会舆论空间。

2.2.2.4 重构阶段（1915—1927 年）

以 1915 年 9 月陈独秀创刊《青年杂志》（1916 年改名《新青年》）为起点的五四运动时期是中国历史上一个发生质的变化时期，这种质的变化主要体现在：第一，从中国舆论思想的形成过程看，它既不同于洋务运动时期国人用中国传统的政治、文化理论对西方现代观念的选择性吸收，也不同于甲午战争后到新文化运动前 20 年，国人以开放的心态接受西方现代观念。这一时期，国人开始运用批判的眼光，对所有外来观念进行消化、整合和重构，这种“创造性重构”产生了中国式的现代观念。第二，五四运动时期，由于分裂的北洋政治势力无法控制全局，党派利益尚未完全渗透到公共领域，各派都需要借助社会舆论的力量，这一时期成为中国公众舆论最强势的时期。第三，《新青年》等宣传新文化的报刊已冲破封建统治的桎梏，形成了自由讨论的民主风气，报刊成为百家争鸣的园地。在这种质的变化观念和现实舆论环境影响下，国人对于体育的认识发生了重大的变化，因此，当时很多的社会精英分子从资产阶级的人本主义立场和民主、自由的观点探讨体育问题，明确提出反对军国民体育、反对学校的兵操教育，开始重新建构中国近代体育观念和思想。

3 不同历史阶段的媒介舆论与中国体育近代化剖析

3.1 萌芽阶段的媒介舆论与中国体育近代化（1840—1894 年）

“西方列强的入侵，激起了中国数千年未有之剧变。先进的知识分子痛于外患之凭陵，清政之窳败，国亡之无日，认识到非革新不足以图存，然手无权柄可操，遂致力于办报，藉报纸传播其主张，以言论觉天下。”然甲午战败之前50余年，欧美传教士和商人办的报纸占据主流，它们向公众报道新闻、介绍新知、评议时政，无意之行为却对晚清的政治、社会和文化的变迁产生了重要的影响，其中就包含对“蛮夷小技”——西方近代体育知识的传播。这一时期后半段，开始出现国人自办的近代化报刊，然而其发行数量有限，且大都或因发行有限、资金短缺等问题夭折，或被清政府所禁止而关闭，故而影响力不大，对体育的传播范围和影响极小。但这一时期，掌握话语权的政治精英和思想精英，尤其是洋务派在外力的推动下开启了中国近代化之路，以西洋兵操为主的近代西方体育也开始了在中国的早期传播。

3.1.1 士绅“舆论”与西方近代体育在中国的传播

贺跃夫认为，历史进程中的近代化启动有赖于“近代性的挑战”和“近代化领导的强固”，前者是指近代的观念与知识、技术的出现，使传统社会的基本信条渐受挑战；后者则是指权力从传统领袖手中转入近代化领袖手中。中国的近代化是在外来冲击下的继生型近代化，即当面临西方资本主义挑战时，为挽救民族危亡而被迫选择近代化之路。因此，启动近代化之任务只能是由视天下国家为己任的传统精英群体——士绅阶层来推动，他们在整个社会尚未自觉的情况下，发动和领导本民族进行近代化变革。晚清的士绅阶层既包括政治精英集团，也包括知识精英集团，虽然位于士农工商之首，但同时也是当时老百姓的“代言人”。随着国门洞开，太平天国等农民起义的搅动，清政府不得不适当放权于地方，故而士绅阶层的人数急速增长，至太平天国后，其人数增加了约32%。这种变化一方面预示着皇权与绅权的平衡开始向绅权倾斜，他们有了更多的发言权；另一方面，在这些人中开始分化出一些睁眼看世界的先驱和主张效法西方的开明人士。甲午战争前，士绅当中的思想家精英、政治精英主要通过中国传统方式著书立说或上书言事对社会思潮、文化变迁产生影响。他们中的一些人也开始注意到被视作“蛮夷小技”的西方近代体育，由此开始了西方近代体育在中国的早期传入和传播。

近代中国睁眼看世界的第一人是林则徐，他在战争环境中提出了要师敌之长的问题，主张通过“制炮造船”以“制夷”。魏源则将这一思想理论化和系统化，他在《海国图志》序言中提出“师夷长技以制夷”，并指出，“夷之长技三，一战舰，二火器，三养兵练兵之法”。冯桂芬接其余绪，并且大为拓展，他主张：“法苟不善，虽古先吾斥之；法苟善，虽蛮貊吾师之。”这是在西方文化涌来之际，勇于反省本国文化、吸收别国文化、充满自信的相当健康的文化心态。他认为：“虽彼中舆地书，必以中华首列，非畏我，非尊我，直以国最大，天时、地利、物产无不甲于地球而已。而今顾靦然屈于四国之下者，则非天时、地利、物产之不如也，人实不如耳。”而中国不如外国的地方，集中在6个方面：人无弃才不如夷，地无遗利不如夷，君民不隔不如夷，名实必符不如夷，船坚炮利不如夷，有进无退不如夷。解决前面4个“不如夷”并不难，“道在反求，惟皇上振刷纪纲，一转移间耳，此无待于夷者也”。至于第六个不如夷，即“有进无退不如夷”，也不是大问题，因为有进无退是个意志、训练的问题，而且中国“北兵亦能有进无退”。因此，中国真正有待于夷者，即需要向夷人学习的，“独船坚炮利一事耳”。在这些新兴思想和观念的引导下，于第二次鸦片战争之后，特别是在镇压太平天国运动的过程中逐渐形成、壮大的统治阶级内部的一个政治派别——洋务派掀起了一场

“师夷长技以制夷”的洋务运动，他们在“中体西用”的思想指导下，编练新式军队，创办军事学堂，兴办民族工业，派遣留学生学习西方军事技艺等，以求实业兴国。在这一系列的举措中，以洋操、洋枪、洋炮为主要训练内容的西洋兵操得以传播，伴随而来的一些西方近代体育项目也得以在军队中传播。

晚清“第一中兴名臣”曾国藩，洋务派早期的代表人物，在创办湘军过程中其“别树一帜，改弦更张”的体育思想得以充分体现。曾国藩主张向西方国家学习进步的军事文化和先进的科学技术，他曾在日记中记载：“欲求自强之道，总以修政事、求贤才为急务，以学做炸炮、学造轮舟等具为下手功夫。但使彼之所长，我皆有之，顺则报德有其具，逆则报怨亦有其具。若在我者，挟持无具，则曲固罪也，直亦罪也，怨之罪，德之罪也。”为此他曾于同治二年（1863 年）亲自委托容宏到美国购买“制器之器”，此前也曾多次向清政府筹集购买西洋兵器之款，如咸丰四年（1854 年）七月十一日的奏折：“此次蒙皇上屡降谕旨，饬令两广督臣叶名琛购备洋炮。湘潭、岳州两次大胜，实赖洋炮之力。惟原奉谕旨千余尊，现止来六百尊，尚属不敷分配。”

曾国藩认为，要改弦更张，第一要务就是练兵，为了加强团防，曾国藩很早就把西洋兵操引入湘军的训练活动中，譬如：湘军营规中的《日夜常课之规七条》就对兵操的训练有过严格规定：“黎明演早操一次，营官看亲兵之操，或帮办代看，哨官看本哨之操”，“日斜时演晚操一次，与黎明早操同”。

对于为什么要在军中进行兵操练习，在曾国藩的《晓谕新募乡勇》一文中有过详细记载：“要你们学习拳棍，是操练你们的筋力；要你们学习枪法，是操练你们的手脚；要你们跑坡、跳坑，是操练你们的步履；要你们学习刀矛钯叉，是操练你们的技艺；要你们看旗帜、听号令，是操练你们的耳目；要你们每日演阵，住则同住、行则同行，要快大家快、要慢大家慢，要上前、大家上前，要后退、大家后退，是操练你们的行伍。”他还规定：“每逢三、六、九日午前，本部堂下教场，看试技艺，演阵法。”即使统帅也不例外，他要求各营“每逢一、四、七日午前，着本营官下教场演阵，并看抬枪、马枪打靶”；“每逢二、八日前，着本营官带领，赴城外近处跑坡、抢旗、跳坑”；“每逢五、十日午前，即在营中演连环枪法”。以上都是仿制英国兵操的做法。同时，他也要求当官的要亲自对士兵进行点名、看操、站墙子。曾国藩在湘军中开展的西洋兵操训练，开启了中国近代新式军队开展军事体育训练的先例。

随着洋务运动的兴起，洋务成了“一时之世风，一时舆论之趋向”，越来越多的国人要求了解欧美等西方国家，以学其“富强之术”，这种社会需要推动教会报刊更加偏重对“西学”的介绍，并开始对西方政治制度和相关学说进行传播，借以突破士绅阶层的传统思维。从表1可以看出，教会报刊在洋务思潮后期开始在译介西方政治和社会学说的基础上，评议政治和中外时事，其中最引人瞩目的是对中国时政的批评和建议。

表1　1840—1894年发表于教会报刊有关富国强兵的言论标题选录

序号	发表时间	标题	报刊名称
1	1876年（第413期，第16－18页）	《大清国事：强国利民论》	《万国公报》
2	1876年（第417期，第21页）	《大清国事：强国利民论（第五次）》	《万国公报》
3	1876年（第418期，第16－17页）	《大清国事：强国利民论（第六次）》	《万国公报》
4	1876年（第419期，第14－17页）	《大清国事：强国利民论（续第六次）》	《万国公报》
5	1876年（第420期，第18－20页）	《大清国事：强国利民论（续第六次）》	《万国公报》
6	1876年（第392期，第17－20页）	《大清国事：强国利民略论（第一次以欧洲各国比例中国各省事宜）》	《万国公报》
7	1876年（第393期，第16－18页）	《大清国事：强国利民略论（第二次论强国利民理法）》	《万国公报》
8	1876年（第394期，第17－19页）	《大清国事：强国利民略论（第三次论强利本源功效）》	《万国公报》
9	1877年（第424期，第16－18页）	《大清国事：强国利民论（第七次）》	《万国公报》
10	1877年（第425期，第19－20页）	《大清国事：强国利民论（第八次）》	《万国公报》
11	1880年（第3卷春，第14页）	《拟请中国严整武备说》	《格致汇编》

续表

序号	发表时间	标题	报刊名称
12	1880年（第3卷夏，第15-16页）	《拟请中国严整武备说（续前卷）》	《格致汇编》
13	1880年（第3卷夏，第16-17页）	《拟请中国严整武备说（续前卷）》	《格致汇编》
14	1881年（第2卷第1期，第116-117页）	《借法自强》	《画图新报》
15	1892年（第41期，第40-42页）	《广学会启：启者本会之设专广近时各国有用之学可以养民可以强国》	《万国公报》
16	1892年（第45期，第6-9页）	《以士保国论》	《万国公报》

譬如，1876年，发表于美国传教士林乐知创办的《万国公报》上的《大清国事：强国利民略论（第三次论强利本源功效）》一文就格致一学于当时中国之功效论述得十分之透彻，文末提到："近年来，英领事麦公于沪上创建格致书院早已落成，其中罗列机器储集书籍，择闰五月朔日大启院门，来观者济济一堂，洵盛举也，予幸格致之学可传于中国，而中国他日即以格致之学据为中国所素有，而忘其传自泰西亦无不可，且也，广方言馆有英国名儒传君兰雅，著有格致汇编，海内争观，洛阳纸贵，尤为讲格致者之一大助也。中国自此强，中国之民自此利，欲不归功于格致也，得乎！"

此外，他们在诸多报章中所阐述的强国利民之法涉及晚清政治、经济、社会、文化的各个层面。言及中国如何增强军事力量，德国人瑞乃尔撰写的《拟请中国严整武备说》（1880年发表于《格致汇编》）一文可谓有理有据，洞悉深入。它从中国传统之现状深入地剖析了晚清严整武备，向西方学习的必要性。

"自十年在华襄办军务，虽不敢妄自夸张，亦堪自信，若使中国兵弁效法德国，子所深悉至能学兴否？子可决其必成，唯中国规矩律例，古今事迹，风俗民情，中外交接之处，其中有益于用兵者，或未能深悉，即所成此编亦不敢期。"

"凡有国必有人，一人教之，人人化之。国创之，各国效之，从此互相施受，则道一风同胥天下，而交受其益。理固然也，况中国素称富强之邦，独是数千年来并无他国往，所以各种技艺格致等学，皆未探索。自中外通商以来，交谊日亲，渐觉泰西艺学而于国计民生均有裨益。且一切学问当以武备为第一要务，前曾文正公公奏启有云：‘若我国学习泰西技艺，宜先学泰西兵法。’其文则制造轮船等事。盖一人有一人之长，一国有一国之长，此或胜彼，彼或胜此，各自专长。如英国以造舟为独擅，缘英国地居海滨，往来贸易，海而居多，造舟是其习惯。德国则以陆路练兵为要务……故操练防范最为严肃，德国之长于此。”

为了深入浅出地道出效法西方的实际效果，1881 年的《画图新报》刊发的《借法自强》一文，通过暹罗（今泰国）学习西方技艺之后所产生的变化来加以力证。

“暹罗自西法之后，国势渐成，于都中设立电线，东能安南，西达缅甸，以通消息。醒一千八百七十八年关单载，进口货物值五百八十二万七千六百四十，出口货值八百八十七万二千一百九十三。外国船出口四百二十四号，进口四百四十五号。”

外国传教士及商人在传教及经商的过程中逐步认识到，要影响整个中国，就必须从清帝国的统治者和灵魂——士大夫阶层入手，用报刊来启迪和引导他们，这样才能有效地改变中国的舆论并最终完全渗透到这个帝国。因此，他们在办报的过程中更加注重对中国士绅阶层施加影响。随着传播的深入，教会报刊所发表的这些效法西方的时评和建议，对当时中国的士大夫阶层产生了积极的影响。据 1891 年《同文书会年报》载，《万国公报》成为总理衙门经常订阅的报纸，高级官员们也常常就刊物所讨论的问题发表意见。张之洞也认为《万国公报》是从未见过的好杂志。洋务运动后期，以李鸿章、张之洞等为首的洋务派加大了向西方学习的力度，由此，西洋兵操的传播力度及实践范围也得以逐步扩大。

作为洋务运动的主要领导者之一的李鸿章在西洋兵操的引进方面则更大胆，更普及。他认为，“中国欲自强，则莫如学习外国利器，欲学习外国利器，则莫如觅制器之器，师其法而不必尽用其人”，故“自强之道，在乎师其所能，压其所恃耳”。首先，他通过各种渠道购买英、法等国家的新式武器，并开设枪炮制造局，如江南制造总局、金陵机器制造局、天津机器局等。其次，李鸿章先后聘请了很多外国军官担任军事教习，从最初的英国军官到后期的德国军官，并派遣中、下级军官到德国学习。同时，他大量翻译近代西方科技图书，其中就包括专事兵式体操训练内容的《水师操练》。其中引进的德国兵操，内容主要包括单兵、队列训练，单杠、双杠、木马、平台等器械体操。再次，在开办枪炮制造局的同时，李鸿章力主兴办新式学堂，1863 年在请求设立上海同文馆时，就曾上书朝廷说："西方所擅长者，推算之学，格物之理，制器尚象之法，无不专精务实，泐有成书，方可探赜索隐，由粗浅而入精致，我中华智巧聪明，岂出西人之下。明有精熟西学者转相传习，一切轮船火器之技巧，当可由渐通晓，于中国自强之道似有裨益。"对于学堂的建立，李鸿章也是亲力所为，在 1885 年《益闻录》（第 462 期，第 230－231 页）的一篇报道《议建学堂》中提到："天津武备学堂向借营务公所，以为各生徒肄业之处，地甚湫隘，不便殊多，刻下李相特筹巨款，即在营务公所之旁开地一区，建造数十间，以为生徒聚学之所。"可见，李鸿章对于学堂的兴办及其事务可谓事无巨细，亲力亲为。他对于学生的选择也极为严格，天主教在华创办的第一份中文报刊——《益闻录》（1881 年第 91 期，第 59 页）的一篇报道《水师学堂章程》中就提到，所招收的学生必须是"良家子弟，自第十三岁以上，十七岁以下，已经读书数年"，且"体气充实、资性聪颖"者，方能进入初选。

在李鸿章先后主导创办的上海广方言馆、天津水师学堂、天津武备学堂中均开设有与近代体育相关的课程。上海广方言馆中开设有体操课。而天津水师学堂的体育课内容更为丰富，"有击剑、刺棍、木棍、拳击、哑铃、足球、跳栏比赛、算术比赛、三足竞走、羹匙托物竞走、跳远、跳高、爬桅杆。此外还有游泳、滑冰、平台、木马、单双杠及爬山运动等，只是还没有篮球、网球等活动"。在天津各学堂之间还经常举办校际运动会，其中就包括"爬桅"等各种体育竞赛。由曾国藩的弟弟南洋大臣曾国荃于 1890 年在南京创办的江南水师学堂也有兵操训练相关课程，教会报刊《格致汇编》在 1892 年的一篇报道中提到学生们"或打靶，或爬桅，或跑阵，或练勇，各显技能，莫不便捷"。张之洞更是把兴学育才作为立国强国的重大举措，自 1869 年起，经他亲手创办的书院和学堂就有几十所之多，他在书院及学堂教育中都主张推行兵操和体操教学，譬如，在 1890 年主持两湖书院时开设了体操课，曾先后聘请英、德等国 90 余名外国教习在湖北武备学堂教习西式体操。

3.1.2 报刊舆论与西方近代体育的早期传播

3.1.2.1 报刊对西方近代体育传播概况

外人在华办报本身是一种殖民主义文化侵略活动，但是，从客观上讲，它促进了中国与西方的文化交流，也为被长期禁锢的近代国人打开了一扇窗，一扇睁眼看世界的窗口，通过报刊所传播的西方先进的科学文化知识，也不可避免地为中国部分先知先觉的知识分子所吸收。这一时期的报刊对西方近代体育的传播主要体现在教会所创办报刊与外国商人所创办的中文报刊。笔者以“体操、军操、洋操、强种、武术、武艺、游泳、尚武、健身、运动（会）、赛马、团练、操练、学堂”等为主题词在晚清期刊全文数据库（1833—1911 年）1840—1894 年段检索，共录得相关报道 126 篇，主要刊发于《万国公报》《益闻录》《格致汇编》《教会新报》《中国教会新报》（《万国公报》前身）以及《益闻报》等教会中文报刊上。这一时段发表在《申报》（创刊于 1872 年 4 月 30 日）上的体育报道累计 334 篇（具体见表 2）。由此可见，晚清早期的教会报刊（注：此时教会报刊多为月刊，半月刊及周刊较少）对于“蛮夷小技”的西方近代体育报道相对有限，作为日报性质的《申报》（注：《申报》初为双日刊，自第 5 号起改为日刊，但逢星期日则休刊一天；1879 年 4 月 27 日起，星期日也照常出版）的年均报道量也仅有 15 篇，体育报道的内容也很少。从表 2 和表 3 可以看出，这一时段报刊体育传播总体呈现以下 2 个基本特点。

表 2　1872—1894 年《申报》历年体育报道数量统计表

年份	1872	1873	1874	1875	1876	1877	1878	1879	1880	1881	1882	1883
数量	4	8	6	9	8	9	12	16	23	15	26	13
年份	1884	1885	1886	1887	1888	1889	1890	1891	1892	1893	1894	累计
数量	13	13	16	13	19	19	14	15	25	20	18	334 篇

数据来源：肖鸿波.《申报》77 年体育报道研究（1872—1949）[D].上海：复旦大学，2011.

表3 1840—1894 年发表于教会报刊上的体育报道标题选录

序号	发表时间	标题	报刊名称
1	1871 年（第 156 期，第 7 页）	《西商团练》	《中国教会新报》
2	1872 年（第 201 期，第 11 页）	《驻沪西兵操演》	《教会新报》
3	1878 年（第 513 期，第 18 页）	《大清：赛马定期》	《万国公报》
4	1879 年（第 563 期，第 14 页）	《大清国：赛马停止交易》	《万国公报》
5	1880 年（第 1 卷第 1 期，第 132 页）	《驾船回华：满兵操演》	《画图新报》
6	1880 年（第 46 期，第 93 页）	《租地赛马》	《益闻录》
7	1880 年（第 79 期，第 294 页）	《厦门赛马》	《益闻录》
8	1880 年（第 81 期，第 307 页）	《香港赛马》	《益闻录》
9	1880 年（第 605 期，第 14 页）	《大清国：操练认真》	《万国公报》
10	1880 年（第 617 期，第 11 页）	《大英国：赛球续闻》	《万国公报》
11	1881 年（第 84 期，第 15 页）	《福州赛马日期》	《益闻录》
12	1881 年（第 117 期，第 212 页）	《赛马日期》	《益闻录》
13	1881 年（第 639 期，第 15－16 页）	《大清国：团兵操演》	《万国公报》
14	1881 年（第 649 期，第 16 页）	《大清国：操练认真》	《万国公报》
15	1882 年（第 150 期，第 98 页）	《定期赛马》	《益闻录》
16	1882 年（第 216 期，第 506 页）	《赛马定期》	《益闻录》
17	1882 年（第 216 期，第 506 页）	《赛马定期》	《益闻录》
18	1882 年（第 688 期，第 12 页）	《大清国：赛马开会》	《万国公报》
19	1882 年（第 704 期，第 17 页）	《大俄国：整兵操演》	《万国公报》
20	1883 年（第 239 期，第 118 页）	《赛马定期》	《益闻录》
21	1884 年（第 415 期，第 568 页）	《传相观操》	《益闻录》
22	1885 年（第 450 期，第 160 页）	《本埠赛马》	《益闻录》
23	1886 年（第 613 期，第 531 页）	《赛马赛人》	《益闻录》
24	1892 年（第 47 期，第 24－26 页）	《洋务启蒙学堂试办章程》	《万国公报》
25	1892 年（第 1166 期，第 214 页）	《赛马志盛》	《益闻录》

续表

序号	发表时间	标题	报刊名称
26	1892 年（第 7 卷 秋，第 47－48 页）	《南洋水师学堂考试纪略》	《格致汇编》
27	1893 年（第 1270 期，第 226 页）	《赛马记闻》	《益闻录》
28	1894 年（第 1341 期，第 46 页）	《赛马杀马》	《益闻录》

第一，报道呈现逐年增长的趋势。鸦片战争之后，国人经过了短暂的痛苦心理调适和思维转轨，开始从器物层面向西方学习，随着洋务思潮对晚清社会影响的不断加深，西学传播和引进的范畴也逐步扩大，兵操、赛马等西方近代体育慢慢扩散。从 1840 年鸦片战争爆发到 19 世纪 70 年代初，有关“体育”的报道在现有数据库存录的教会中文报刊报道中几乎没有。自此之后，其报道的频率才开始逐渐增加。

第二，报道的内容以赛马、兵操、团练为主，其他体育运动项目被关注较少。其中以“体育、武术、武艺、游泳、尚武、健身、运动（会）”等为标题的报道数为零。兵操、团练的报道屡次出现是因为早期的洋务派在军队、学堂中引入了西洋体操，加之此时报刊的对象大多为士绅阶层，与教会报刊的读者对象相符，所以成为体育报道中的重点。而赛马报道的频繁出现更多是因为其博彩和娱乐刺激。同时我们还可以看出，赛马、“打弹”（保龄球和棒球）等体育项目大都在沿海通商口岸城市举行，其出现在体育报道中的时间都是在该地被割让或沦为通商口岸之后，譬如，有关赛马的新闻报道中，香港、上海、厦门、福州等地出现最早，这些城市早在第一次鸦片战争之后就沦为通商口岸，故而近代西式体育在此传播也较早。可见，西方近代体育在中国的传播与被半殖民化过程的空间轨迹是一致的，呈现从香港、澳门等被割、被占之地—东部沿海开放通商口岸—内陆城市逐步深入与扩散的路径。

3.1.2.2 报刊言说与西方近代体育传播

如果说晚清至甲午战争前报刊相关的“体育”新闻只是描述性的报道，是浅层传播，那么报刊言说则从另一层面让我们了解了西方近代体育的传播，获悉了当时国人对于“体育”最初的认识和理解，它虽未引起广泛的社会舆论关注，但至少打开了一扇窗，一扇体育知识传播和国人对体育认知的窗，也正是在这种认知的过程中，西方近代体育找到了和中国传统体育文化对接与碰撞的平台。我们也许无法了解当时的真实情况，但透过这些碎片化的言说（具体见表4）至少可以管窥这一阶段体育传播历史的一个侧面。

表4 1840—1894年报刊体育言论标题选录

序号	发表时间	标题	报刊名称
1	1873年4月26日	《龙舟竞渡说》	《申报》
2	1873年10月27日	《论西人猎纸及驰马堕涧事》	《申报》
3	1877年（第2卷 春，第16页）	《格物杂说·操练身体有益》	《格致汇编》
4	1879年5月13日	《论西人赛马之盛》	《申报》
5	1879年12月11日	《操练营兵末谈》	《申报》
6	1880年（第32期，第8-9页）	《赛马论》	《益闻录》
7	1880年11月3日	《论跑马》	《申报》
8	1881年3月2日	《中西文武轻重不同说》	《申报》
9	1881年3月29日	《原重文轻武之俗》	《申报》
10	1882年3月3日	《观打弹记》	《申报》
11	1884年（第395期，第445-446页）	《论团练》	《益闻报》
12	1885年5月3日	《观西人赛马偶感而发》	《申报》
13	1885年（第453期，第175-176页）	《练兵说》	《益闻报》
14	1885年（第462期，第230-231页）	《议建学堂》	《益闻录》
15	1886年3月9日	《论西商操演兵法》	《申报》
16	1886年5月9日	《论中西赛会名同而实异》	《申报》
17	1886年5月12日	《论赛会不宜趋看》	《申报》
18	1888年4月20日	《论中国宜创赛期会》	《申报》
19	1888年6月2日	《象棋可悟兵法说》	《申报》
20	1889年（第2期，第52-56页）	《论人：第二章、身体》	《万国公报》
21	1889年11月1日	《论武勇》	《申报》
22	1889年11月9日	《文武白为轻重说》	《申报》

续表

序号	发表时间	标题	报刊名称
23	1890 年 5 月 9 日	《论武人习气》	《申报》
24	1890 年 9 月 26 日	《兵贵训练说》	《申报》
25	1891 年（第 1083 期，第 319 – 320 页）	《日员经武论》	《益闻录》
26	1891 年（第 6 卷 冬，第 52 页）	《格物杂说 · 体骨堪核数》	《格致汇编》
27	1892 年（第 1218 期，第 524 页）	《练兵说》	《益闻报》

注：《申报》所标示的日期皆为西历（今称阳历），下同。

从 19 世纪 50 年代始，越来越多的传教士致力于文字布道工作，教会报刊逐年增加，但当时国人对洋教往往是漠视与排拒的，因为以儒学为主干的传统文化与宗教并不相融，这就迫使传教士采取更加灵活的宣传策略，他们逐步认识到，要想在中国社会打开传教局面，就必须用文化学术引起社会的注意，因为在中国受尊重的往往是学者，而非政治家。由此，能显示西方文化优越性的近代科学技术的基本知识和成果首先被纳入其传播的范畴，教会报刊纷纷开设介绍科技知识的栏目，与人体和运动相关的实用科学知识借助这一平台得以传播。由英国传教士傅兰雅主编的刊物《格致汇编》就有诸多运动解剖和运动训练方面的言说，譬如：发表于 1877 年的《格物杂说 · 操练身体有益》一文就是有关西方早期运动训练的述评：

法国有大书院，专讲武事，内有一门教人操练身体之力，每人操练之事记录簿内，查半年内之各数，知有三要事：一人身之力所增之数为百分之十五至十七分，间有二十五分至三十分者；二肺能吸空气之数，每一百分能增十六至二十分；三身体之重，每一百分增六分至七分为中数，间有增十分至十五分者。唯身之体积见小，从此知肌肉与筋增多，则全身有益。但所增之力为在初起三月内，至后三月内当有减力之事，可知操练身体应有界限，至其限则可停歇，或暂时间断。

文中不但有增加人体力量训练的具体陈述，而且有涉及运动负荷和运动周期的专业之谈，可谓运动训练相关知识在中国的最早传播之一。同时，与医学相关的运动解剖学知识也开始出现在教会报刊中。譬如，发表于 1891 年的《格物杂说 · 体骨堪核数》一文就详细介绍了人体解剖学相关知识：

人之生也，及十五岁，骨一百六十块，肌约五百副，血二十五磅，心长五寸，径三寸，每分时跳七十次，一点钟跳四千二百次，尽一昼夜共跳十万零零八百次，每一年跳三千六百七十二万二千二百次，每跳一次发血二两，每日共发血七吨。肺内容空气二百五十至三百立方寸。一日夜吸二万四千次，肺内空气小膛共面积略二万平方寸。脑重略三磅，壮而成人者加半磅。皮肤面积略一千七百平方寸，皮肤受空气压力每平方寸十五磅。皮肤分三层，厚四分寸之一到八分寸之一，每平方寸有汗孔三千五百，各孔为小管之口，每管长四分寸之一，全身汗管共长二十万一千一百六十六尺。

对于西方近代体育的开展情况，也经常见诸报端，譬如，1876 年的《格致汇编》就介绍了有关近代西方妇女体育活动状况：“西方妇女，每于暇时，或抛球以为戏，或走路以邀游，或乘骑以赛驰驱，或操舟而自拨荡。此皆所以练习身力者也。无论贵贱，均乐为之。所以西国妇女，比中国者多为属强健。”这些西方近代体育知识对当时的国人而言，一方面具有增益智慧、开阔眼界的作用，另一方面又起到了体育科学启蒙的作用。

19 世纪中后期，随着租界体育的兴盛，田径、足球、网球等现代竞技体育项目也传入中国，但是，这些体育项目没有定期比赛和组织推广，加之国人体育知识缺乏，故而影响小、关注度低。但赛马、“打弹”（保龄球或棒球）等项目因有赛事，有场馆，在租界等外人居住的地方开展较多，报刊对于这些西式体育项目的报道也开始增多，其中尤以赛马为甚，无论是教会报刊，还是中文商业报刊，对于赛马之盛，皆纷纷发表评论。譬如，由中国传教士主编的《益闻录》（1879 年创刊，1898 年改名《格致益闻汇报》，1899 年改名《汇报》）发表了一篇由国人撰写的《赛马论》：

赛马之戏，前所未见，沪上自泰西人来馆于此，遂有是举。其时则约在春秋之季，维时各卒其业，饰其马，加以锦鞍，标以名目，又复如称象法，则别其轻车马，如纵樊法，殊所先后焉，至其所行之地，约有数里。所试之险，亦有数端，高跃旁绕，直进突收，法亦备焉。乃观者啧啧言其美，而未尝考其原，穷为论之，番人之于百戏，正有不可办者，如辽史之再生仪，五代史之博箭打盏诸事。阅史者从见其名，而其事之如何，未有明论矣。

若今赛马之说，则其风不自泰西始也。昔孙武子上驷、中驷、下驷之论，已详国策中，古人所谓斗鸡走狗驰马之戏，皆以之娱俗者，其赏亦或千百金之巨焉，古人之为事也，而质真。今之斗鸡斗蟋蟀，所养之物既细，而于牵手把手之属各有弊，如赛马之举，为物既巨，又且骐骥之良，飞黄绿耳之迅，不独八骏见于昭王，六骏见于昭陵也，地用莫如马。论马之美者见于相马经，及格致镜原，圣师录诸帙。几不胜书，苟调养得其宜。驾驭尽其道，驱策极其才。虽一彼一此，有胜必有负，而孰先孰后，无隐亦无欺。其远胜中人之鹌鸟蟋蟀矣。不独此也。马不一种，有赛之法，而别之务得其真。彼手挥千金，穷事声色以之为乐。纵可以悦幽情，而不足以见豪典。赛马之举，万人可观，一时空气驰骤，色舞眉飞，其乐有不胜述者。平日驯养之，备其道，调护之用其长。高洋谓驭恶马如治恶人，则得名马亦尤之得名士矣。而于游戏之中，寓夫武备之意。

文中把西方竞技赛马与中国古代赛马混为一谈，字里行间所体现的尽是“华夷之辩”的古风，“文化民族主义”的色彩在一则体育言论中可谓一览无遗。在作者眼中，西人的赛马与中国古代斗鸡、斗蟋蟀、走狗等游戏相仿，乃耽于声色犬马的富家子弟所为，显然是把赛马这项体育活动归于玩物丧志的行列之中。彼时影响力甚广的《申报》，有关赛马的言论也表达了与之如出一辙的观点：“战国时七国相争，干戈之祸，无时或息，其士大夫以富贵相尚，豪侈之家，门课动辄过千，子弟以声色犬马为生命，亦好尚之最甚者矣。今之泰西风习颇为近之，欧洲各国局势本大似乎战国，故富贵之人性情相同，不知者方以为西人自西人，大异于华夏之风，孰知其俗有所本也，吾故尝谓中西之性情相去不远也。”作者甚至认为战国时期的赛马就是近代西人赛马风俗的本源（见《申报》——《论西人赛马之盛》，1879 年 5 月 13 日）。对流行于当时的其他体育项目，报人的认知也大抵如此，例如，《申报》曾报道《打弹停公》一则，认为“此不过游戏之事，何以郑重至此”。可见当时国人对大多西方近代体育项目的认知还非常浅薄，仅囿于传统习俗的观点视之。

至于西方近代体育在中国的早期传播，最初多为满足外人的休闲娱乐。对此，近代报刊有诸多记载，譬如，1870 年，王韬在《瀛环杂志》中这样描写道：“西人以操舟为能事，虽富商文士，亦喜习之。每于夏秋之交，择黄浦空阔处，斗舟为乐。”又如，1892 年发表于《益闻录》中的《赛马志盛》一文写道，“西人尚赛马之戏，行商所至，辄设驰骋之场，为春秋行乐地”，即使由清政府建立的马场，其主要也是为了迎合外人之需要，“京师自有各国便署以来，在彰仪门外莲花池左，近亦设驰马场一区”，可见，赛马场的建立就是为了满足外商的娱乐需求，被称为“打弹”的保龄球和棒球等体育项目开展的目的亦不例外。此外，大多西方近代体育项目在华西方侨民中开展，国人很少参与其中。发表于《益闻录》中的《赛马赛人》（1886 年）曾有记载，“本月初九为洋人赛马之期，第二日武备学堂散假学生等均往看赛，该处跑马厅广向有西人看视，入内者除西人及中国官长外，其余均须给以英蚨方准放入”。可以看出，观看赛马要么是洋人，要么是清政府的“官长”，其他人很难进入。体育活动具有明显的功利性特征，只有在参与的过程中才能体验其乐趣，鉴于当时国人多没有实践的状况，故而西方近代体育在当时通过报刊等媒介传播的影响力还十分有限。

相较于对赛马等西方近代竞技体育项目认知的局限性，国人对已日益深入军心的兵操则呈现出完全不同的观点。从 1862 年第一批被抽调的京兵集结到天津接受兵操训练起，西洋兵操及其训练方式就在湘、淮等清朝军队中广为推行，作为“师夷长技”的一部分，且越来越受到重视。故而其从一开始就得到报刊的极大关注。报刊相关言论表现出的不是对这一“西学”的排斥和诋毁，反而体现更多的是“效仿学习”与“为我所用”的开放态度。譬如：

三代以上，兵与农合，三代以下，兵与农分，自唐设府兵弦骑，取诸民者曰租庸调。而后不特与农分，且若四民之外，别居一兵，于是四民不复知兵，且视兵为无足轻重。安靖之时，文臣蔑弃武臣，以为此粗官耳，或几如水火焉，一旦有事，则又将不习兵，兵不适用。若近今，湘勇淮勇，名振寰区，人方以兵为诟病。举凡古之所读兵法者，又孰从而讲求哉。乃西商则不然，西人之旅居沪上者，于商务外自行团练，定期而操演之，步伐正齐，虽人数不多，（却）有如火如荼之概，英廷特颁给钢炮四尊……吾非谓西商之人尽知兵也，唯能于安居乐业时仿守望之，经互相演习，不须招募，不须添知，万一不虞，则军可立成，即不必克奏功，较之临事张皇者，悉啻天渊之隔，且有备可以无患。

——摘自《申报》的《论西商操演兵法》（1886 年 3 月 9 日）

文中没有表现出对中国传统练兵之法的自满情绪，所展现的反而是对西洋兵操及其训练方式的推崇之意。《益闻报》的《练兵说》一文则更进一步体现出了与时俱进的融合观。作者认为古今的练兵之法应当

“别出新意”，甚至要求“洞悉西语”，这样才能“不至误事”“戎事方兴”而“战功不息”。

古者崇尚道德寓兵于农，一旦有事，干戈始集，民丁为用然。春蒐夏苗，秋獮冬狩，虽承平无事，仍不忘讲武之经，故黄帝治后于野间，阅师徒以齐步伐周礼……今则专用西法，炮火大行，虽适养之，射贲育之能，皆不能当其一击，故及今而言，训练自当别出新意。予不揣固陋，仅拟四事为当道陈之，一曰选将。自古军中须大将，得人乃可制胜，如汉之淮阴，唐之狄青，宋之岳飞，皆明验也。今日之将，须胆识学养一切兼优能，知驾驶沙线及测算丈量之法，且须德行素孚人望，方正不阿者方可身统六军，并假以便宜行事之权，以尊威望。若好事冶游，仅知文事者，一概不用；二曰挑兵。水陆兵卒宜就地取材，水兵宜募渔艇胥户，海船水手，或赦私贩洋盗之罪而招之。使来但须善为驾驭，必不至于逆命，口粮照湘淮加倍，以符当日。林文忠每月十二元之例，陆兵须招近山之人，则行走埋伏可资熟悉……三曰习枪炮……四曰驾船江海之中……今日华营操练举止步武，均听教师之言，而教师则用泰西言语，夫初至兵营，安能洞悉西语，不若以西语翻译，华文使闻者入耳即喻，即疆场之间，亦不至误事也，刻下戎事方兴，战功不息，当道练兵讲武亟亟焉！思制胜之方，故以一得之见，拉杂书之如此。

——摘自《益闻报》的《练兵说》(1885 年)

对西洋兵操等西学的观点，乃受当时“师夷长技以制夷”主流思潮的影响，它顺应了中国人向西方学习的客观要求。当时报刊的言论与这一历史风潮相吻合，在一定程度上引导了社会舆论，随着西洋兵操在学堂的开展，正式开启了中国体育教育近代化之先河。

3.1.3 小　结

综上可知：

第一，作为晚清社会的中坚阶层，士绅群体的言说对这一阶段中国的体育近代化有着不可忽略的重大影响，他们通过群体演绎的洋务思潮，在实务中实践与传播西洋兵操，于动态中开启了中国体育的近代化之路。可以说，士绅言论起着舆论主导的作用，它直接促使了以洋操、洋枪、洋炮为主要训练内容的西洋兵操在中国的新式军队和军事学堂中传播，为西方近代体育在中国的传播奠定了基础；但同时我们也应该清醒地认识到，他们对于西洋兵操只是一种粗浅的认识，更未涉及西方近代体育的思想和观念等理论问题。

第二，教会报刊和中文商业报刊对体育科学知识的传播，以及对西式体育项目的关注与认知，在客观上助推了西方近代体育项目在中国的传播。如果说这一历史阶段士绅中的政治精英和思想家精英舆论是中国近代体育走向初步现代化的主导因素，那么，报刊舆论则是助推剂，它不断扩大人们的“体育”知识视野，在东西方文化碰撞的矛盾心理交替中交流和传播“体育”。正如《申报》所言：“中国不欲西法则已，欲取用西法，则必自报纸开始。”虽然这一阶段的报刊地位低微，传播效果微弱，但它打破了政治的言禁，带来了近代化的报刊理念，对中国睁眼看世界产生了重要的影响，也深深触动了晚清的维新变法之士。这些冲破禁锢的突破和创新为新的历史阶段报刊舆论的兴起奠定了基础，也为新的历史阶段体育传播打开了新的视窗。

第三，从“西学东渐”的视角看，早期中国报人对西方近代体育的报道还处于朦胧的认知阶段，在这个过程中难免会有对“体育”各种各样的误知误解，但这恰恰是“西学东渐”的曲折性在中国近代体育传播中的体现。“近世二三百年，西方文化影响整个世界，扮演着世界历史定位的角色，对于近代历史演变的诠释，多少操控在西方领域之内，或者说，在一种势不可当的全球化扩张浪潮下，西方文明对世界文明的发展起着支配性的整合作用”，近代西方体育也正是以这样一种难以阻断的“优势扩散”在中国传播。从中可以窥见中国近代体育走向初步现代化曲折的发展历程。

第四，晚清早期报刊对赛马、棒球、划船等西方近代体育项目的关注并非具有强烈殖民意识的文化传播行为，它只是外人现实体育需求在报刊中的客观反映，从而逐渐引发中国报人的评述，不像大多格致类或政治制度等西方文明的传播带有某种明显的目的性，西方近代体育在中国的传播，其一方面是“师夷长技”在近代军队和军事学堂中的实践，另一方面则是服务于外人现实的娱乐需求。就后者而言，这一阶段传播的西方体育项目，服务的目标并未拓展至晚清国民，其重点仍是为政、为师者中的各级当权人物和高级知识分子，因此，西方近代体育通过报刊在中国传播缺少本土民众的关注，具有局限性。

传媒的状况是衡量近代化发展状况的重要指标，从鸦片战争到甲午海战之前，报刊尤其是国人自办报刊总体上呈现的近代化程度不高，它在一定程度上成为中国政治、思想、社会等领域变革的瓶颈之一，故而，变革仅局限在少数精英阶层。这一历史阶段的“体育”传播图景从一个侧面印证了这一说法。一言以蔽之，萌芽阶段的中国近代体育走向初步现代化的过程，一是在外力冲击下，政治精英与思想家精英通过著书立说和上书言事等方式所形成的“师夷长技”之舆论，于军队和学堂中推行西洋兵操来传播和实践西方近代体育，注重的是军事上的强兵作用，乃器物层面的引进，缺乏思想性和理论性，但它是这一阶段中国体育近代化的主导舆论，抑或说政治精英舆论和思想家精英舆论所形成的舆论场主导着中国体育近代化，表面上看是一种有目的、有计划的“自觉”行为，实际上是外力作用下的“不自觉”行为。二是外人在华报刊为推广“西学”，满足在华侨民娱乐信息的需求，于“不自觉”的客观行为中传播了西方近代竞技体育项目，从而在一定程度上助推了中国体育近代化的进程，由于此时公共舆论环境并未真正形成，报刊舆论在中国体育近代化历程中的影响力还较小，但它为洋务运动做了舆论引导，也为接下来的维新运动起到了思想先导的作用。

3.2　转型阶段的媒介舆论与中国体育近代化（1895—1904 年）

所谓转型，是指事物的结构形态、运转模型和人们观念的根本性转变过程。它是主动求新求变的过程，是一个创新的过程。从舆论的角度，这一历史阶段的转型主要体现在晚清的清议向舆论的转型。在 19 世纪末到 20 世纪初，清议开始向舆论逐渐转变，“晚清所出现的以报纸为中心的公共舆论，以前所未有的现代传播方式，将本来仅仅属于士林内部的清议，放大为影响全国的公共舆论”。据不完全统计，1895—1898 年，全国出版的报刊有 120 种，其中 80% 以上是国人自办，从而打破了前一阶段外报在华的垄断地位，成为中国社会舆论的主要力量，促进了维新运动的高涨，期间，同时在全国建立了 40 多个改良派的学会团体，从而形成了以报章杂志和学会为核心的公共交往和公众舆论的基本空间，报刊舆论对中国思想文化、经济和社会生活等领域产生了重要影响。维新思潮开始冲破洋务运动注重器物改革的思维，上升到注重制度改革和关心“人”的现代化，关心人的思想、文化的现代化，这是一场伟大的思想启蒙运动，自1895年至废除科举制度的10年间，接受了资产阶级思想启蒙的广大民众，开始自觉地利用资产阶级的民主意识和科学文化知识来分析、认识时事。它对促进“西学”尤其是西方近代体育中的体育思想和理论在中国的传播和发展，发挥了极大的作用。

为了了解这一阶段体育报道的基本情况，笔者以“体育、体操、强国、强种、军国民”等30个关键词，通过晚清期刊全文数据库(1833—1911年)查询1895—1904年的相关报道（具体见表5），经统计，累计发表数量为619篇，虽然仅有10年的时间，但相对前一阶段，呈现出明显增长的趋势。不过《申报》体育报道的年均报道量及报道总量相对变化不大（具体见表6）。透过两个数据表可以看出：

表5　1895—1904年报刊体育报道数量统计表

关键词	年份										累计
	1895	1896	1897	1898	1899	1900	1901	1902	1903	1904	
体育	0	0	0	0	0	0	0	14	8	10	32
体操	0	0	1	0	0	0	2	4	5	10	22
兵操	1	0	0	1	0	0	0	2	0	1	5
洋操	0	2	5	0	0	0	7	4	2	1	21
军操	0	0	0	0	0	0	0	0	1	0	1
观操	0	0	0	0	1	0	1	0	0	1	3
保国	0	2	0	1	0	0	0	0	2	0	5
保种	0	0	0	0	0	0	1	1	2	2	6
强种	0	0	0	3	0	0	1	1	2	2	9
强国	0	0	4	1	0	0	1	1	8	5	20
武员	0	0	3	2	2	0	3	1	3	4	18
武试	1	0	1	6	0	0	0	0	0	0	8
武备	0	0	39	48	4	3	14	13	16	26	163
武学	0	0	1	1	0	0	0	1	0	2	5
武科	0	0	0	17	0	0	2	0	1	0	20
武术、武艺	0	0	2	0	0	0	0	0	0	0	2
武	4	0	5	22	0	0	22	11	7	4	75
游泳	0	0	0	0	0	0	0	0	0	0	0
赛马	3	0	1	0	0	0	0	0	0	3	7
龙舟	1	0	0	0	0	0	0	0	0	0	1

续表

关键词	年份										累计
	1895	1896	1897	1898	1899	1900	1901	1902	1903	1904	
拳	1	2	2	0	0	34	19	11	5	3	77
尚武	0	0	0	1	0	1	2	1	4	4	13
武士道	0	0	0	0	0	0	0	0	0	1	1
团（操）练	6	0	4	9	0	0	1	1	2	8	31
力	0	0	1	2	0	0	0	0	1	0	4
兵	3	2	3	1	0	0	1	2	0	4	16
健康	0	0	0	0	0	0	0	0	0	1	1
运动（会）	0	0	0	0	0	0	0	0	6	5	11
自强	1	3	2	1	0	0	0	1	1	0	9
军国民	0	0	0	0	0	0	0	18	8	7	33
合计	21	11	74	116	7	38	77	87	84	104	619

注：因晚清民国期刊全文数据库经常有更新，本统计数字截至2014年10月31日，以下阶段统计同。

表6　1895—1904年《申报》历年体育报道数量统计表

	年份										累计
	1895	1896	1897	1898	1899	1900	1901	1902	1903	1904	
数量	24	33	38	38	35	38	36	30	26	20	318

数据来源：肖鸿波．《申报》77年体育报道研究（1872—1949）［D］．上海：复旦大学，2011.

第一，有关“体育、体操、强国、强种、保国、保种、军国民”的报道第一次出现在报刊主题中，尤其是在1901年之后的报道中有明显的增幅。究其原因，笔者认为，至少有以下两点显性原因：首先，“体操”和“体育”两个词在这一阶段被正式使用，作为官方词汇，两者皆在1902年清政府颁布的《钦定学堂章程》中出现。但“体操”一词在中国出现的时间更早，它最早见于1890年5月7日《申报》的一篇《振兴学校论》的报道中。1896年，维新派报刊《时务报》频繁使用“体操”一词，因该报的广泛影响力，“体操”一词逐渐被国人所接受。1902年，清政府颁布《钦定京师大学堂章程》（《钦定学堂章程》之一）中首次提到“体育”一词。1903年，由岚僧翻译的《国民体育学》在《杭州白话报》上连续发表，此后“体育”一词获得更大范围的传播，从此，“体育”与“体操”两个代表广义体育概念的词汇在中国被广泛使用。其次，资产阶级维新派关于社会建设问题和关于中国人的现代问题的提出等，使近代中国人开始从更深的层面上认识和接受西方近代体育，即体育不仅有军事上的强兵的作用，更有在国家与民族长远利益上的强种、强国的作用。在此基础上，有关军国民教育的探讨亦日益增多。

第二，这一阶段的体育相关报道出现两次明显的波峰，一次出现在1898年前后，另一次出现在1901年，至1901年之后呈现出相对稳定的发展趋势（具体见图2）。其中有关“武”的报道，包括“武备、武试、武科”等新闻数量与这两次波峰高度一致，报道总量相对于前一阶段也有显性增长。究其原因，与中日甲午海战的失败和八国联军侵华签订《辛丑条约》有莫大的关系。甲午战争给中华民族带来了空前严重的民族危机，也标志着历时30余年的洋务运动失败，从而直接导致中国人民挽救民族危亡的运动热情高涨，资产阶级在全国掀起了维新变法运动和民主革命运动，如何加强武备自然成为举国讨论和关注的焦点问题。《辛丑条约》的签订则标志着中国彻底沦为半殖民地半封建社会，民族危机感进一步蔓延，救亡图存成了最紧迫的要求，强国之愿望更为突出，在口诛笔伐等强大的舆论攻势下，清政府不得不宣布“新政”以缓解局势，将吏治民生、军制财政、人才培养模式等变革提上议事日程。于是，武备始修，这自然成为报刊舆论关注和议论的热点。

第三，《申报》体育报道并未因时势的变化而有明显的改观，这与其“有系乎国计民生”的言论宗旨似乎不太相符。考究史料可知，乃当时《申报》的总主笔黄协陨因攀附清政府且思想保守，使报纸新闻偏离社会生活和读者需求所致，虽偶有所议，但数量有限。

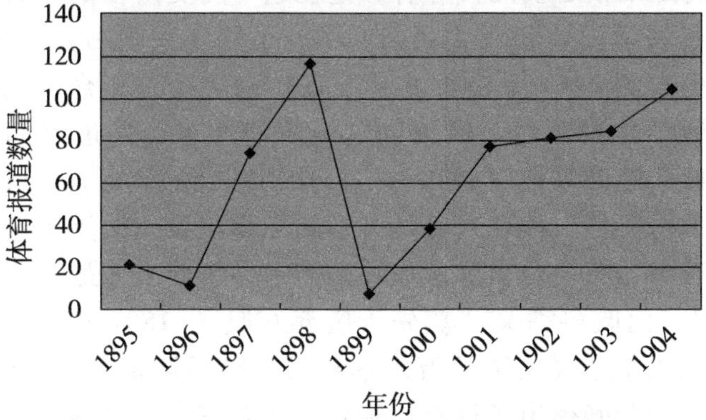

图2 1895—1904年体育相关报道数量分布图

3.2.1 维新“舆论”与中国近代体育传播

转型阶段的维新“舆论”通过两种媒介得以体现和传播，一是由晚清士绅阶层转化的思想精英，他们延续着传统的著书立说和上书言事表达变法的思想；二是经由国人自办报刊传播维新变革，开启民智，引导社会舆论。晚清一代思想精英的维新变法思想既体现在书籍上，同时更多地体现在国人自办的报章杂志等新兴媒介上，随着维新运动的深入，报刊舆论的影响力愈发得以彰显。晚清一代的思想精英在这一阶段的代表人物是康有为、梁启超、严复等，他们在年轻时都受过良好的国学教育，也曾获得过传统的功名，既是中国历史上最后的士大夫，又是新知识、新思想、新时代的先驱。以康有为为首的资产阶级维新派，一方面肯定西洋兵操于军队的作用，另一方面大力倡导德育、智育、体育相结合的教育方针，注重“人”的现代化和学校体育教育。由于这些人的特殊身份，他们的言论受到社会的尊重，所以其所产生的影响容易传播和扩散。笔者在查阅与整理这一历史阶段的原始报刊文献的过程中发现，维新派代表人物有关体育的言说，最初大部分都是通过报刊在第一时间传播，之后才逐渐成书成册，譬如，梁启超的《新民说》、严复的《原强》《原强续篇》《天演论》等，唯有康有为例外。因此，为了立体地展现这一历史，先简要阐述康有为“以言报国”的言说来考察中国近代体育的传播，之后以主要笔墨来阐述和剖析维新报刊舆论与中国近代体育传播。

康有为是维新运动的倡导者，他在这一历史阶段的体育思想主要体现在《长兴学记》和《大同书》中，虽然《大同书》在1902年已经完成，但直到1913年才通过《不忍》杂志公之于众，期间仅有梁启超等少数学生翻阅过，所以在这一阶段并未产生过深远的社会影响。鉴于此，笔者仅述《长兴学记》中所涉及的体育观。康有为非常强调教育的重要性，他在《请废八股试帖楷法试士改用策论折》中提出，国家改革当务之急莫胜于人才的需求，培养人才最要紧的“莫先于改科举”，而改科举又“莫先于废弃八股”。1891年春，康有为在广州创办长兴学舍（又称“万木草堂”），随后制定《长兴学记》，以为学规，其中明确提出了德育、智育、体育三合一的教育观。梁启超在《康有为传》中曾提到，康有为重视德育和智育的教育，对“体育亦特重焉”。康有为以“志于道、据于意、依于仁、游于艺四言为至该”，这“四言”之中既包含德育和智育，也包括体育教育相关的内容。如“养心、慎独、同体饥弱”等为德育教育，其中就包含传统养生的内容；“考据、词章、义理”等为智育教育；“音乐、舞蹈、体操、游历”等为体育教育。康有为还在学堂中专门设立“干城科学长”，负责每日做操一次。故梁启超认为康有为在万木草堂设置的“音乐至兵式体操诸科，亦皆属创举”，这一创举改变了洋务运动时期仅在军事学堂和军队开设体操课的惯例，开创了在私学教育中开设体操课的先例。

1895 年中日战后，群而憾之，群起呼之，正如奋翮生（蔡锷的笔名）在《军国民篇》（刊于《清议报》）一文中所言：“甲午一役以后，中国人士，不欲为亡国之民者，群起以呼啸抖号，声撼大地。或主张变法自强之议，或吹煽开智之说，或立危词以警国民之心，或故自尊大以鼓舞国民之志。未几而薄海内外，风靡响应，皆惧为亡国之民，皆耻为丧家之狗。未几有戊戌变法自强之举，此振兴之自上者也。逾年有长江一带之骚动，此奋起之自下者也。”伴随新兴社会阶层和政治力量开始兴起，国人自办报刊数量激增，“执笔者皆魁儒硕士，声光炳然”，其中尤以主张维新变法者为甚，他们抱持“以天下为己任”的精神，借助充满“魔幻魅力”且具有强大传播效果与影响力的现代报刊来实现“以言报国”的愿望。维新者认为，“中国百弊，皆由蔽隔”，“古者采诗以观民风，诵诗而知国政，专立太师之官，以主其事，盖诗者，即今日之新报，上自政教，下而风俗，无不备陈……今设报馆，以窥民隐而开民智”（摘自《强学报》，1895 年第 1 期，第 2A－3A 页），为此，维新派先后创办《万国公报》《中外纪闻》《强学报》《时务报》《知新报》《湘报》《湘学新报》《国闻报》《清议报》《新民丛报》等报刊作为宣传其变法主张的舆论阵地。从表 7 言论的标题就可以看出，“强国强种、尚武、军国民”等成为他们忧国忧民而变法的主调，中国近代体育的传播融合在这一主旋律之中。下面通过剖析其文本内容来考察中国近代体育传播。

表7　1895—1904 年发表于维新派报刊中的体育言论标题选录

序号	发表时间	标题	报刊名称
1	1897 年（第 22 期，第 11－12 页）	《倡设女学堂启》	《时务报》
2	1897 年（第 23 期，第 5－6 页）	《辟韩》	《时务报》
3	1898 年（第 103 期，第 409－410 页）	《公车上书请变通科举折》	《湘报》
4	1899 年（第 19 期，第 1－5 页）	《论中国人种之将来》	《清议报》
5	1902 年（第 1 期，第 92－101 页）	《军国民篇》	《新民丛报》
6	1902 年（选编·论说汇编，第8－9 页）	《新民说一：第一节、叙论》	《新民丛报》
7	1903 年（上卷，第 23－27 页）	《原强》	《国闻报汇编》
8	1903 年（上卷，第 1 期，第 21－35 页）	《论尚武》	《清议报》
9	1903 年（上卷，第 41－49 页）	《救亡决论》	《国闻报汇编》
10	1903 年（上卷，第 82－84 页）	《保种余义》	《国闻报汇编》
11	1903 年（下卷，第 16－18 页）	《论八股存亡之关系》	《国闻报汇编》

1895 年，《马关条约》的签订惊醒了学贯中西的严复，他于第一时间在天津的《直报》上连续发表了《论世变之亟》（1895 年 2 月 4—5 日）、《原强》（1895 年 3 月 4—9 日）和《救亡决论》（1895 年 5 月 1—8 日）等政论（因本研究所采用的数据库没有《直报》，故上表所列严复的文章皆取自《国闻报汇编》），成为维新变法之先声。所谓“变则存，不变则亡”，在这一思想指导下，严复认识到人的现代性之于中国现状的重要性，进而在一系列的言论中道出了以德育、智育、体育改造国民的问题。严复在《原强》一文中就明确指出，今日中国积弱不振之势，固有“臣主君民之势散，而相爱相保之情薄也”和“民弗能自治”的原因，然“民之弗能自治者，才未逮、力未长、德未和也”，故而要从根本上改变国家守旧与落后的状况，“盖生民之大要三，而强弱存亡莫不视此：一曰血气体力之强，二曰聪明智虑之强，三曰德行仁义之强。是以西洋观化言治之家，莫不以民力、民智、民德三者断民种之高下。未有三者备而民生不忧，亦未有三者备而国威不奋者也”。由此可以看出，“果使民智日开，民力日奋，民德日和，则上虽不治其标，而标将自立。何则？争自存而欲遗种者，固民所受于天，不教而同愿之

者也”，随后严复重申，“是以今日要政，统于三端：一曰鼓民力，二曰开民智，三曰新民德。夫为一弱于群强之间，政之所施，固常有标本缓急之可论。唯是使三者诚进，则其治标而标立；三者不进，则其标虽治，终亦无功；此舍本言标者之所以为无当也”。严复的这一番言词，可谓通透古今，纵贯中西，既道出了中国积贫积弱的根本原因，也为中国未来人才培养点明了方向，提出了切实可行的策略，把康有为治学堂的“三育”结合之纲要又提升了一个层次，使人的现代化问题凸显。至于为什么要“鼓民力”，严复认为：“今者论一国富强之效，而以其民之手足体力为之基，此自功名之士观之，似为甚迂而无当。顾此非不佞一人之私言也，西洋言治之家，莫不以此为最急。历考中西史传所垂，以至于今世五洲五六十国之间，贫富弱强之异，莫不于此焉肇分。”谈到如何“鼓民力”，严复认为要从 2 个方面着手，一是改变陋习恶习，他指出，“故中国礼俗，其贻害民力而坐令其种日偷者，由法制学部之大，以至于饮食居处之微，几于指不胜指。而沿习至深，害效最著者，莫若吸食鸦片、女子缠足二事”。如果“是鸦片、缠足二事不早为之所，则变法者，皆空言而已矣”。二是加强体力训练，“凡所以练民筋骸，鼓民血气者也”。

1896 年，严复在《国闻报》上发表《保种余义》一文，进一步阐述了中国人“身弱智昏”的根源。

文中最后一针见血地指出，如不“择种留良”“限制婚姻”，则“灭种是矣”。1896 年，严复翻译了英国生物学家赫胥黎的《天演论》，并于 1897 年在《国闻报汇编》中刊出，宣传了“物竞天择，适者生存”的进化论观点，进一步论述了“鼓民力”“保种”的重要性。严复“鼓民力”教育思想的启蒙，使中国掀起了一场重视体力的“尚力”思潮，推崇了“贵武”精神。

戊戌维新失败之后，维新报刊几乎全部被封或被迫停刊，康有为、梁启超等流亡日本，为了继续宣传维新改良的思想，传播“西学”，他们很快就在日本重建了自己的舆论阵地，《清议报》和《新民丛报》先后创刊，梁启超成为这一时期维新派“言论巨擘”，被后人誉为“舆论界骄子”。他借助《新民丛报》这块阵地，于 1902—1906 年发表了 20 篇文章，后集结成册，被称为“新民说”。文中发出做时代“新民”的呼声，首次提出了“国民”这一概念。他站在救亡图存的高度，发出改造国民性的呼声。虽然梁启超的“新民说”也偶尔受到一些诘难，譬如，1904 年，《大陆报》曾发表《异哉新民之宗旨》一文，作者认为“读之不觉失望，而尤谬者，则学说中之申议”，“纯属乎一时感情，而毫无责任”，文中立论牵强附会，有个人报复之嫌疑（之前因梁启超曾批评《大陆报》差于《新世界学报》，“其文更不逮之，敷衍篇幅者居全册之半，无甚精彩”。）。因此，它对国民所产生的冲击力并未受到什么根本性的影响。

这一时期的梁启超和康有为仍抱守“尊皇”“君主立宪”思想有所不同，并已有明显的转变，梁启超认为国家大事的成败其实取决于“多数之国民”，故而开始认识到严复在变法之前所持观点是有道理的。梁启超曾在《新民丛报》上发表《军国民篇·原因于体魄者》一文中就明确提到：“严子之《原强》，于国民德育、智育、体育三者之中，尤注重体育一端。当时读之，不过谓为新议奇章，及进而实窥宇内大势，静究世界各国盛衰强弱之由，身历其文明之地，而后知严子之眼光之异于常人，而独得欧美列强立国之大本也。野蛮者，人所深恶之词，然灵魂贵文明，而体魄则贵野蛮，以野蛮之体魄，复文明其灵魂，则文明种族必败。”1902 年，他在《新民说·释新民主义》中就明确提出了“民德、民智、民力，实为政治、学术、技艺之大原”的理论，《新民说·中国积弱溯源论》中又进一步提出“必使吾四万万人之民德、民智、民力，皆可与彼相埒”的观点，而这些恰恰是严复观点的延续。1903 年 3 月，梁启超在《新民说》中加写了《论尚武》一节，专门论述了“新民”的体育问题，全面而深刻地论述了中国“尚武”精神的流失及“尚武”精神的实质，认为“民力”亦是“新民”所必备的综合素质之一，进一步延展了严复的“贵武”精神。

梁启超在《论尚武》一文开篇就批判了中国文化“劳心者治人，劳力者治于人”所包含的“重文轻武”的传统观念，“世人之恒言曰：‘野蛮人尚力，文明人尚智。’呜呼！此知二五而不知一十之言，迂偏而不切于事势者也”。随后他分析了产生这种观点的原因，一是由于国势之一统，养成“重文轻武”之习；二是由于儒教之流失，“养成此柔脆无骨、颓惫无气、刀刺不伤、火爇不痛之民族”；三是由霸者之摧荡，“柔”术盛行，使“无复精神材力以相竞于材武”；四是由习欲之染濡，“我中国轻武之习，自古在矣”。“凡此数者之恶因，皆种之千年以前，至今日结此一大恶果者也”，因此，要养成“尚武”的精神，不可不备具“三力”，心力、胆力和体力。“心力”，即国人应自以为强而不能自以为弱。“胆力”，即排除畏惧心理。“体力”，即通过各种体育锻炼增强体质。梁启超说：“体魄者，与精神有切密之关系者也。有健康强固之体魄，然后有坚韧不屈之精神。”因此，他主张中国应当向西方国家学习，重视体育，推行军国民体育，文中提出，欧洲诸国“从事于体育，体操而外，凡击剑、驰马、踘蹴、角抵习射、击枪、游泳、竞渡诸戏，无不加意奖励，务使举国之人，皆具军国民之资格”。

由上述可知，维新派在宣传变法思想的过程中，主张改革教育，认为教育不应局限在精英层次，而应扩展到所有国民，“夫才智之民多则国强，才智之士少则国弱”，由是各种新式学堂纷纷出现，中国女子学堂也在妇女解放和男女平等的呼声中开始出现，随着各类国人自办报刊对“鼓民力”“尚武”思潮的宣传，报章杂志也加大了对中国传统陋习——女子缠足的批判，譬如：1897 年发表于《时务报》中的《劝女子不宜缠足》、1904 年《女子世界》刊发的《缠足的女子不易得好婿》等文章均表达了类似的观点。更何况实现“强种”也需要女子有强健的体魄，故而女子体育课程逐渐在中国人自办的学堂中出现，中国女子体育自此由传教士所开办的专门女学开始延伸到中国新式学堂。1897 年，梁启超在《时务报》上发表了《倡设女学堂启》一文，文中指出：“圣人之教，男女平等。”1898 年由维新派人士经元善筹办的经正女塾，明确提出了“以发展女子健康”为主旨的办学方针，并设置了体操课。

梁启超的“尚武自强”的体育思想，延续了严复的“尚力”思潮和“贵武”精神，对中国近代“尚武”意识的兴起和近代体育思想的形成产生了重大的影响。康有为、严复和梁启超等维新派所提出的“尚武”之说，超越了洋务派对西洋兵操在物质层面的模仿，赋予其更多的精神内涵。梁启超于 1904 年撰写的《中国之武士道》一文，在“尚武”的基础上，进一步展开了对生命内在情感意志力的推崇，提倡国民养成尚武任侠精神。维新志士通过报刊批判传统“重文轻武”的思想及其在教育中的实践，使得当时社会形成了“耻文弱”的风气，这大大地推动了我国近代体育的兴起与发展。同时，它也揭示了这样一个道理，中国体育要实现近代化，首先应当实现中国人的现代化，要转变传统风俗，形成这一新的社会风尚，而现代报刊在这一过程中应当充分发挥其广泛传播的功效，大力引导社会舆论。

3.2.2 其他报刊言说与中国近代体育传播

维新派在民族危机的刺激下既积极倡议设立报馆，又亲力办报，纵谈国事，传播西学，倡导变法，从而冲破了中国封建统治者几千年的言禁，在此影响和带动下，全国各地各种报刊如雨后春笋般蓬勃发展起来，这些报刊大都主张维新或倾向于维新，普遍重视对西方文化教育和科学知识的介绍。《算学报》《农学报》等专业科技报刊出现。为使人人能阅之，真正大众化、通俗化的白话报也纷纷创设，如《杭州白话报》《演义白话报》《无锡白话报》等。《女学报》、“校报”也在这一热潮中出现。报纸普及度相对前一阶段有了很大提高，为了让更多的人成为报纸的读者，有些地方甚至出现了阅报总会或阅报公会的组织，进一步扩大了报刊这一新兴媒介的读者群，提高了报刊的社会影响力。清政府在征得英国人报提摩太创设“国家日报”的建议后，亦开办了官书局，刊行《官书局报》和《官书局汇报》等。1901 年，清廷实行“新政”后，又开始在地方兴办官报，如《四川官报》《湖南官报》《江西官报》《山东官报》《安徽官报》《汉口日报》（由商办改制）等，这些官报虽是政府喉舌，但亦译述新事、新艺。以上各类报刊可归为两大类：一是官报，一是民报（除官报之外并包含中文商业报刊），他们在传播西学和政论宣传的过程中，向大众传播了西方近代“体育”知识和与“尚力”思潮、“贵武”精神相符的体育思想和观念。从表 8 所列这一阶段报刊部分体育言论的标题选录可以看出，“体育”“体操”教育、女子体育等成为这一阶段国民关注的议题之一。

表 8 1895—1904 年报刊体育言论标题选录

序号	发表时间	标题	报刊名称
1	1896 年（第 90 期，第 45 ~ 47 页）	《皇清政要：新军可惜》	《万国公报》
2	1897 年 5 月 30 日	《论中国武备有转强之机》	《申报》
3	1897 年 11 月 7 日	《论中西养生之法不同》	《申报》
4	1897 年 11 月 28 日	《论武试之宜废》	《申报》
5	1898 年 3 月 23 日	《论武科童试先宜慎重取进以俟变通章程》	《申报》

续表

序号	发表时间	标题	报刊名称
6	1898 年 4 月 27 日	《松郡武试闲评》	《申报》
7	1898 年（第 120 期，第 15－16 页）	《官私学堂急宜一律仿行童操说》	《万国公报》
8	1899 年 1 月 1 日	《陆军全用洋操得失议》	《申报》
9	1899 年 9 月 4 日	《体操说》	《申报》
10	1899 年 9 月 23 日	《斥创团练说》	《申报》
11	1902 年（第 2 卷第 16 期，第 5－6 页）	《国民体育学（续）：婴儿体育》	《杭州白话报》
12	1902 年（第 2 卷第 26 期，第 15－16 页）	《国民体育学：幼时体育》	《杭州白话报》
13	1902 年（第 2 卷第 29 期，第 21－22 页）	《国民体育学：少年体育》	《杭州白话报》
14	1902 年（第 2 卷第 31 期，第 25－26 页）	《国民体育学：青年体育（续）》	《杭州白话报》
15	1902 年（选编・军事汇编，第 13－17 页）	《军国民篇：五、原因于体魄者》	《新民丛报》
16	1902 年（第 2 卷第 2 期，第 1－4 页）	《论女子宜讲体育》	《女学报》
17	1902 年 10 月 25 日	《体育德育智育解》	《申报》
18	1903 年（第 23 期，第 1－3 页）	《论中华民族无尚武精神之原因》	《童子世界》
19	1904 年（第 10 期，第 1－8 页）	《女子简易的体育・体育不分男女》	《女子世界》
20	1904 年 10 月 10 日	《体操说》	《申报》
21	1904 年（第 2 卷第 11 期，第 1－3 页）	《体育杂感・体育之种类及目的》	《大陆（上海 1902）》
22	1904 年（第 2 卷第 11 期，第 3－4 页）	《体育杂感・德育与体育》	《大陆（上海 1902）》
23	1904 年（第 2 卷第 11 期，第 4－5 页）	《体育杂感・国民体育》	《大陆（上海 1902）》
24	1904 年（第 11 期，第 44－45 页）	《论体育为教育之根本》（录《汉口日报》）	《四川官报》
25	1904 年（第 89 期，第 2 页）	《论儿童之体育》	《教育世界》

续表

序号	发表时间	标题	报刊名称
26	1904 年（汇编，第 592 – 600 页）	《军国民篇》	《新民丛报》
27	1904 年（第 10 期，第 29 – 34 页）	《军国民的教育》	《中国白话报》
28	1904 年（第 1 – 5 期，第 1 – 11 页）	《军国民主义》	《觉民》

3.2.2.1 强国强种及军国民主义在报刊中的传播

维新运动期间，维新志士符合民族大义、探寻救亡图存的启蒙思想深入人心，得到了有识之士和大多国民的拥护，全国其他各类报刊也纷纷加入这一思想启蒙的运动当中，有关强国强种的观念通过各种形式的报刊言论而得以传播。1897 年 11 月 7 日，《申报》在头版刊发《论中西养生之法不同》一文。作者认为："华人之讲养身者，以为节劳苦也，少思虑也，夫饮食也，厚衣服也。其富有多金者，甚且饱食暖衣，无所事事，终年跬步，不离庭户，食则肥甘，食饮非鱼翅即燕窝，衣则文绸裹身，非绫罗即狐貉。""而西人则不然，平日习劳动，慎语言。晨起必散步花间，以抒筋力，入晚必略饮美酒，以畅肢骸。自孩提以迄成童，诵读之余，必使其蹴鞠、秋千、驰马、荡桨，俾百骸四体，不致因懈弛而渐致衰颓。"文中通过比较中西养生之法的不同，以简洁、易懂的话语批判了国人自古以来所形成的"节劳苦"的错误养生观，只知"病而求医药"，却不知"未病而慎起居"的养生之道，其导致的直接结果就是"体魄之弱，到中国而极矣，人称为四万万，而身体不具之妇女居十之五，嗜鸦片者居十之一二，埋头窗下久事呻吟，龙种备甚而苦废人者居十之一，其他如跛者聋者盲者哑者疾病伶仃者，以及老者少者，合而计之，又居十分之一二，综而核之，其所谓完全无缺之人，不过十之一而已"（摘自 1904 年《新民丛报》的《军国民篇·原因于体魄者》一文）。而西人的养生之法则与国人完全不一样，他们遵循自然规律，懂得"习劳慎言""适时适宜适量而为"，注重身体锻炼，参与各项体育活动。通过比较，让读者充分认识到了国人养生弊病所在，同时也道出了国人"力"弱之因。要改变现状，国人唯有学习西人的科学养生之道，于平时注意饮食起居，积极参与体育活动，锻炼身体。

随着维新派对西方“天赋人权”和“男女平等”观念的倡导，中国近代女子体育在批判传统封建伦理道德对妇女的歧视和残害的呼声中开始兴起。自1896年梁启超在《论女学》中提出女子教育问题始，有关女子教育的言论频繁出现在报刊中，如《卒新报》发表的《论中国不兴女学之害》，《南洋七日报》发表的《论中宜兴女学》等，他们在倡导女学是天下兴亡之源的观念时，大力提倡女子体育。1902年，陈撷芬在《女学报》上发表《论女子宜讲体育》一文，开篇就指出，“体育与德育智育并重，男女一也”，然而，在中国传统专制社会，“中国女子非但无体育，且从而戕贼之，戕贼之道不一，以裹足为最甚，其他种种，如穿耳、如养指甲，不一而足”，无非都是为了取悦男人的审美而已，乃“吾一时耳目之娱”，却“贻人以终身羸弱之苦”。作者认为，这种美是一种病态美，必“自今以往，知而自改之，而劝人改之，必人人皆知非体育不能美”，这样才能得到真正的美。作者同时指出：“且夫体育非特与智育、德育并重也，实为二者之本，体育既废，德育与智育亦随之矣。君不信，君见有纤足弱步，行则依人者能尽其相夫教子之责任乎，井臼不能操，提抱不能任，遑论其他乎。亦惟是终日凝庄。如世俗所谓画中人而已，整形不解天下男子，尽驱女子为画中人何意也。吾又不解天下女子，亦自甘居于画中人何意也。夫尽为硕人，画为如山如河，画为令仪令色，犹可也，而必画为媚，画为惰，画为欹斜，画为倾向仄。强美者使不美，又强以不美为美。意无非欲毁其体育也。而德育智育随之。”在文章结尾，作者再次呼吁，女子“欲免于奴隶犬马之辱，在自改，欲自改，在体育，非第我女子然也，女子亦何莫不然”。

如果说近代中国女子体育的兴起是从中国男人社会对妇女解放和妇女体育关照的话，到了1904年，则更多地体现为女性对体育的自我觉悟，女性体育被提升到强国强种的高度。1904年，作者亚华在《女子世界》上发表《女子简易的体育·体育不分男女》一文中写道：“西国流传的文明，到了我中国，大家都讲起尚武精神来，晓得我男子是有当兵的义务，是个国家的分子，将来要兴旺我家，先要强健我身体的，所以上上下下的学堂，通通把体操当作正经功课，人家都要切实去讲究，但论到女子身上，尚当作第二层功夫，总不及家政手工的紧要，咳，男女身体是一样，天生的一切都要平等，怎么身体反可异视呢？况乎女子是国民的公母，改良人种的原因还全在女子身上嘛。”

这是早期知识女性自我解放的呐喊，是这一群体对体育自我觉悟的最初反映，相对于早期单纯地批判，此时对中国近代女子体育的呼吁已有了质的提升，正如1904年《新民丛报》在《述湖南之女子体育》（第3卷第3期，第82－86页）一文中所说："故女子者，全国生命之机关也，女学者，全国教育之机关也，女子强则种强，女学兴则国兴，然则不可一日无此君也无疑。"

在"尚力""贵武""强国""强种"等思潮广泛传播的基础上，伴随"新民"这一学说的兴起，有关"军国民"的思想在这一阶段的后期开始出现，军国民教育、军国民主义等论说自1902年开始频频出现在《江苏》《浙江潮》《新民丛报》《觉民》等刊物上。何谓军国民主义？作者脱羁认为，"二十世纪立国之要素，有和极大之怪物焉，能使弱国用之而强，亡国用之而存也，是何物？是何物？曰军国民主义。军国民主义者，至光耀之名词，至高尚之品格也，有尚武精神，而国家思想薄弱者，可谓之军人，而不得谓之军国民。故军国民，有爱国热心而不能堪军旅之艰辛者，可谓之国民，而亦不得谓之军国民。故军国民者，以国民而兼为军人，有尚武之精神，而有国家之思想者也。盖惟富于国家思想者，知国与身之关系，而后能牺牲个人之利益，以求多数之幸福，掷头颅流鲜血以扬祖国之光焉，亦惟有奋不顾身之气概，而后受国之热力，始能实践"。为何要兴军国民教育？奋翮生在《军国民篇》一文中从分析国力孱弱的现状入手，认为"中国之病，昔在神经昏迷，罔知痛痒"，故"今日之病，在国力孱弱，生气消沉，扶之不能，止其颠肩之不能止其坠。奋翮生曰：'居今日而不以军国民主义普及四万万，则中国其真亡矣'"，"盖其国家以此为全国国民之普通教育，国民以奉斯主义为终身莫大之义务。帝国主义实由军国民主义胎化而出者也，盖内力既充，自不得不充盈而外犇"。

3.2.2.2 报人对"体育"的认知及其传播

这一阶段国人对"体育"的认知，主要体现在对"体操""体育"种类、功能、目的的理解，既有官报的看法，也包括民报等各类报刊报人的观点。在民族存亡之际，各界知识精英与政治精英均表达了对"体育"的见解。见诸报刊较早的一篇是1899年9月4日发表于《申报》中的《体操说》一文。什么是体操？作者认为，"即泰西学塾中，每于午饭之后使学生赴广场中嬉戏，借以倡其筋骨也"或"兵式体操"，其目的是“操练其身体，使之筋力充强也”，而后者多在学堂中行之。由此可以看出，作者仅是对体操现象的一种阐述，并未从教育的角度加以阐发。1901 年，清廷“新政”之后，各类新式学堂纷纷成立，加之维新运动期间维新志士通过报刊积极宣传“尚力”思潮和“贵武”精神，国人开始在更深的层面认识西方近代体育。

1902 年，《杭州白话报》连续刊发了由岚僧翻译、日本人西川政宪写的《国民体育学》，其中包括婴儿、幼时、少年、青年体育说。作者认为，从婴儿开始就要从日光、空气等讲究体育的道理，幼时体育则“饮食相宜是第一要事，睡觉安静是第二要事，运动有法是第三要事，如果三者缺一，不但不能成完全的发育，而且还要害他的性命”。“儿童到十五六岁，身体已强壮，便要注意在筋骨上，实行锻炼的主义”，其中就包括户外运动，而“户外运动法甚多，有狠的，有静的，有共同的，种种法子，讲不胜讲”，其中“现在最要紧的是体操，一叫柔软体操；一叫器械体操；一叫哑铃体操；一叫兵式体操。儿童到这个时候，都要找一块大大的空地，叫他们去学习。就尚武的风气，这是最好的事。余如骑马、坐脚踏车、泛舟、游水，种种运动，都可以强活身体，活泼精神，为父母的总要意图的奖励他们才好呢”。

1902 年《申报》刊发了《体育德育智育解》一文，较为系统地阐述了德、智、体如何培养及其之间的关系。作者认为“育其体，毋使弱，育其智，毋使陋，育其德，毋使入于奇邪，此列国设教之宗旨也。先以体育强其质干，次以智育扩其才能，卒乃以德育养其性情。而饰其伦纪，此列国设教之等级也。体育何以育，曰讲卫生，习体操，劳筋骸，节饮食，寒暖务使疾病不作，精力充强不致疲惫，而无以任艰巨也；智何以育？曰先之以普通科，继之以专门业，终乃超入高等学举。凡政治、工艺、交学、武备、研求，精当细大不捐，务使坐言起行朝廷有以收得人之效也。德何以育？曰屏邪说，重天伦，端本原，立总纪，务使孝弟忠信礼义廉耻有以深入夫人心，而尊君亲上之忱油然以起也”。

1904 年，上海的《大陆》月刊，连续刊载体育杂感，内容涉及体育的种类和目的、德育与体育的关系、国民体育等。在《体育杂感·体育之种类及目的》一文中，作者认为德、智、体三者兼备，才能称之为完全教育，且缺一不可，言及三者之间关系，“若以轻重论，则首推德育，古今一辙，而以先后论，则体育为本，智育次之，德育又次之。先言体育而后可言智与德也，否则生命且不能保，遑问其他耶”。而“体育之要甚多，若求完全之体育，不可不兼备”，自然体操讲究的是“唯随心之所趋，以养身体者”，且“应与体操相辅而行”。然而体操又大不相同，有普通体操、兵式体操和医疗体操 3 种。普通体操和兵式体操，“夫自然体操之养身体也，主由身神之愉快，以助长体躯之发”。而医疗体育，则是补人体之缺点，“以治疗人身特殊之弱点为主旨”。谈到智育与体育的关系，作者认为，“智明者，体必健”，“德与体不可相离，教育之极致在德育，而以体育为基”。何为国民体育？作者指出：“矫正卑陋柔弱之习者，其途不一，亦以奖励体育为一良法。然体育非学堂独有之事，乃全国民人不可缺之要件也，因名曰国民体育，以别于学堂体育。”文末附介绍了迭的斯氏及旃罗克兰氏体育论。为了进一步推进国民体育，从这一阶段开始，各地开始兴办体育组织。1903 年，《童子世界》在《记体育会》一文中报道：“有概中国尚文之弊，于教育会中设一体育会，集同志数十人，日习体育，盖将逐推广以造就军国民也。”1904 年，《四川官报》在《讲求体育》一文中提到，“请在省城设立体育会，精选年力强壮学生，肄习兵事体操，多聘教习，按日训练，凡有志学习者，概可入会操演”。

1904 年《四川官报》刊发《论体育为教育之根本》（录《汉口日报》）的文章，从教育的视角谈到了体育的作用，“中国之所以贻误子弟，而教育卒难发达者，其弊正坐此也，诚欲举多数文弱子弟而振起之，莫如其身体，察视其遗传”，“盖必具野蛮之体魄，始能达文明之思想，无事过求微妙也”。这从一个侧面反映出作为统治阶级的政府官员亦也认识到体育之于人的现代化对国家的重要性。

3.2.3 小　结

综上所述可知：

第一，精英报刊所形成的社会舆论在转型阶段的传播效果凸显，它加速推动着中国近代体育走向初步现代化。随着士绅舆论的逐渐弱化和封建社会言禁的逼破，以维新派为代表的思想家精英和新兴的知识精英舆论借助现代报刊这一新兴媒介开始兴起。面对积贫积弱、摇摇欲坠的国破现状，他们凭靠自身特殊的身份和社会影响力，依托或借助学会报刊鼓吹变法、传播西学，倡导人的现代化。精英们正是借用“病夫、孱弱之躯”这些蕴含着身体话语的言论，表达着国人变法图强的美好愿望和精神诉求。在这一过程中，“尚力”思潮和“贵武”精神在维新报刊中得以广泛传播，德、智、体“三育”并重的教育观深入人心。在批判中国封建传统陋习、恶习的呼声中，“体育”越来越受到国民的重视，女子体育亦开始冲破中国封建社会传统习俗，更多地体现出女性的自觉自悟。旨在塑造中国近代社会理想人格的“国民性”呼声迎合了新时期读者爱国主义激情表达的心声，在这种特定的历史条件下，军国民主义的舆论亦借助报刊媒介应运而生。由此可见，中国近代体育从一开始就被打上了深深的国家和国民改造的烙印，由身体到国民，由国民到国家，逐渐开启了中国近代体育话语，并借用报刊舆论引导中国近代体育发展。

第二，这一阶段的中国体育近代化历程是在国人自办报刊理性诉求下的自然演进，所呈现的批判意识是现实社会客观真实的反映。这一特征基于以上史论所体现的2个基本判断：一是这一阶段所诞生的报刊尤其是维新派报刊大多依托于学会、学校，他们所阐发的变法主张，是正义和理性的表达。当时执笔的报人，忧国家的安危，字里行间往往流露的是真情实意，所以容易打动人，加之当时的报纸不是以谋利为目的，报纸主张鲜明，故而传播的速度非常快。正如张灏所说：“在一个没有民主制度的社会里，报纸杂志、学堂与学会都是政治参与的重要渠道。同时，这些制度媒介，不论是透过传播儒家‘公’的观念或者民族主义与民主自由的观念，都是以理性的讨论来表达批判意识。”二是这一阶段的报刊，无论是维新派报刊，还是其他国人自办报刊，抑或是商业报刊，都极力提倡资产阶级新文化，鼓吹变革，以无畏的姿态批判封建旧文化和旧思想，表现出强烈的忧国意识和强国愿望，都以救亡图存为己任，即使是官报，亦未排除在外。因此，报刊在这一阶段所传播的“尚力”“贵武”“军国民”等体育观念，是在国家与民族长远利益上的强国强种思维，是对西方近代体育的理性认知。

第三，戊戌维新既是一场带有一定群众性的社会改良和政治改良运动，也是一场伟大的思想启蒙运动，虽然它百日即夭折，但它却对近代中国人的思想解放产生了重要的历史影响，对近代中国第一次思想解放潮流起到了引导和推动作用。报刊、学会、学堂“三位一体”的公共领域空间的形成有利于维新志士通过报刊传播形成强大的社会舆论，它既促进了“西学”包括西方近代体育思想和理论在中国的传播，也推动了近代西方体育在中国开始由军队向学校，并开始对社会产生影响。

从万木草堂等私塾体操课的设立到新式学堂德、智、体并举，从女学的设置到女子体育的兴起，从体育会等体育组织的出现到军国民教育，无不体现出这一趋向。

第四，在报刊大力鼓吹“尚力”“贵武”“军国民”的舆论引导下，国人对体育的认知已超越前一阶段对西洋体操粗浅认知的范畴，而有了更深层次的理解，这些理解通过报刊言论呈现，可具体概括为以下几个层面：一是从教育的视角提出德、智、体“三育”并重之观，认为体育是德育、智育之本。二是延展了对体育的认知，从什么是“体育”（或体操）到体育的种类、目的、功能皆有所述，妇女、儿童体育亦被论之。虽然这种认识还存在一定的局限性，但至少是在思考体育并试图寻找答案。三是从文化的层面看，这一阶段的“尚武”不同于洋务派仅仅是一种停留在物质层面的单纯器物和技术的模仿，它不但能使人筋骨强健，还能带来自信、自立和自尊，有着发展身体和精神并维持和助长其身体和精神的意义，表明国人开始以开放的心态接受西方近代体育。

概而言之，在转型阶段，国人自办报刊成为中国体育近代化的主流、主导媒介，原有士绅阶层所体现的政治舆论场域日渐式微，报刊舆论场域传播效果凸显。思想家精英和知识精英通过报刊、学会、学堂“三位一体”的制度媒介，批判封建旧文化和旧思想，大力倡导“尚力”“尚武”精神和“军国民”教育，从强国强种的立场出发，提倡“三育”并重，重视妇女、儿童体育健康，建立体育会等向社会推广，传播西方近代体育思想和理论，加深对体育的认知和理解，从“拿来”到“认知”，从“选择性吸收”到“开放心态接受”，从而为中国近代体育话语的生成提供了广阔的思想空间，精英们以身体为载体的思想言论通过报刊舆论传播，一步一步引导中国近代体育走向初步现代化。在这一阶段，虽然很多西方竞技体育项目被引入中国，但报刊在以救亡图存为主要任务的舆论冲击波影响下，对西方竞技体育项目的报道却很少，这不能不说是一个遗憾。但这也印证了一点，即“近代中国不是从‘脚’开始走路的，而是从‘头’开始的”，是观念先行，知识分子首先承担起传播现代观念的使命，从外而内、自上而下地推动变革，中国体育近代化也不例外。

3.3 生长阶段的媒介舆论与中国体育近代化（1905—1914 年）

生长一般是指生物体由小到大的过程，在这一过程中会受到各种生活条件的影响，但通常仅仅体现为量化的过程，并没有质的变化。1905—1914 年的媒介和媒介舆论，都呈现出明显的生长特性。

就媒介而言，主要体现在国人自办报刊的蓬勃发展，清廷“新政”之后，言禁得以部分放开，1905 年科举制度被彻底废除，使现代意义上的知识分子出现，报刊为他们提供了自我表达的空间和舞台，之后的“预备立宪”更是引起了各界的普遍讨论，在以上 3 个历史背景的影响下，出现了国人的第二次办报高潮，1906—1911 年，新办报刊竟达 800 多种，远远超过了第一次办报高潮时报刊创办的数量。武昌起义后，民国初年也出现了报刊的短暂繁荣，全国报纸由 100 多家猛增到 500 多家，发行量超过了 4200 万份。10 年间，以报刊为主的媒介出现了两次明显的增长。但无论是立宪运动，还是辛亥革命，都是以政体为目标的革命，真正思想层面的变革是在五四运动时期，因此，从近代化的进程看，立宪运动和辛亥革命也是制度革命，是维新运动制度革命的延伸。国内学者也常常把从戊戌变法到立宪共和这个时期，称作从制度层面向西方学习。

就媒介舆论而言，主要体现为报刊舆论的生长。这种生长一方面是由于这一阶段的媒介受政府的控制较弱，话语相对独立，更贴近市民社会的公共特性，通民智，改风俗等成为报刊媒介的主流意识。另一方面，此时的报刊大都主张根本革新，乃顺应民心而为。政治压力已无法制止报刊言论，官僚也知道当时的舆论没有办法遏制，因此只能一面制定新闻法规加以限制，一面办报以对抗，立宪报纸由此纷纷成立，但由于清政府的“预备立宪”名为立宪，实为集权和排汉，所以立宪派、舆论对此多感失望，逐渐融于革命运动，直至民国初年新闻自由体制的确立。

除了媒介和媒介舆论，受众的生长是社会舆论能够形成的关键因素，这一阶段的读者相对以往已有了显著变化。1906 年 2 月 5 日，《申报》在第二版中刊发了《论阅报者今昔之比较》一文，文中清晰地描述了当时读者的变化。文章开篇就论述了报刊与国民素质的关系，作者认为“报馆之发达与否，必视新闻纸销售之多寡以为晰，而新闻纸销售之多寡，必视国民程度之高下与报馆能力之大小，以为衡此，固不易之理也，是以混合言之，报馆进步之程度与国民进步之程度有互相联合之势……今日国民之程度与报馆之程度相扶直上，其进步有一日千里之势”，接着，比较了“政府、官场、学界、商界、农民”阅报者今昔的不同，作者指出，政府阅报者以往把报纸视为败类，而现今“颁报律以维持之”，并设置官报传播信息，甚至“两宫时常阅报留心各省官吏之贤否”。官场的阅报者，以往对于报纸的意见，“恐有以发其覆也”，而如今“已知报章之凭公理而非以逞私见，故渐有据报章之记录而形诸公，牍以为案证者矣”。学界的阅报者，过去常把报纸的意见“视为供消遣作谈资而已”，“而今日学界之留意于报纸者甚广，凡内政外交及一切事务兴革等事，皆取资于是，视为求学之急务，而不肯一日闻晰者也”。商界的阅报者，过去对于“报章之意见，视若无见焉”，原因在于他们中能读懂报纸的人很少，而“今日工商界之对于新闻纸，则亦留心社会之善，市面之盈亏，工商业之发达与否，并有能关心时局，而一班普通见识逐渐进步，知报章之有益矣”。至于农民阅报者，“昔日则不知有所谓报纸也，今日渐知有报纸，闻讲报社之讲演，则鼓掌欢呼，唯恐其词之毕，而恨己之不能读者”。作者最后写道，“历观以上所列阅报者，昔日之程度与今日之程度相比较，知国民程度之进步，已不啻相去数倍，徒则逆料以后，报纸之发达与中国程度之发达，必有日进不已之势矣”。可见，当时的阅报者不但改变了原有对报纸不屑一顾的态度，而且阅报者的数量和阅报能力已有了明显的提高。

基于以上3个方面的事实，可以看出，这一阶段的报刊舆论呈现出明显生长之势，正如戈公振先生所言：“自报章之文体行，遇事畅言，意无不尽。”此时报刊所产生的社会影响力亦有了新的生长。

毋庸置疑，处于生长阶段的媒介和媒介舆论环境，为中国体育近代化提供了良好的社会舆论氛围，同时，我们要对政治性报刊在这一阶段迅速增长保持清醒的认知，因为这些报刊都带有明显的政治目标，往往是政治集团的喉舌，舆论有服务于宣传的趋向，故而社会舆论的政治化、党派化趋显，公共领域由此相对逼仄。在这种趋向下，体育易于被边缘化甚至沦为政治宣传的注脚和工具。

3.3.1 总体概况

定性方法是传统史学研究的主要方法，但其缺陷往往是用一种模糊的语言解释历史，计量历史在一定程度上能弥补这种缺乏，笔者首先尝试用统计数据描述生长阶段的媒介舆论与中国近代体育的发展。考察这一阶段的历史背景，综合相关数据和内容，可以归纳出以下三点基本信息。

第一，从报道的整体趋向来看，与现代体育运动密切相关的“体育”“体操”“运动（会）”“篮球、足球、排球、网球”在报刊中出现的频率明显增多，“尚武、强国强种、军国民”的报道依然受到关注，而前两个阶段相对突出的“武备（试）、兵操”等报道已甚少出现（具体见表9）。究其原因，笔者认为有以下几点：首先，维新改良的余音仍在，尤其是他们提出的人的现代化观念得到国人的普遍认可，官方和民间的探讨此起彼伏，是民族大义和救亡图存责任意识下的观念延伸，撇开政治的因素，“尚武、强国强种、军国民”反映的是那个时代的呼声，既是精英的呐喊，也是民心所向。而洋务运动时期的兵操、武备等旧式体育观已被彻底抛弃。其次，随着“体育”“体操”等词在官方文件、媒介中使用频率的增加以及国人对“体育”认知的加深，“体育、体操、运动”及西方竞技体育项目备受媒体关注，有关这方面的报道及相关评述亦受到青睐。再次，1904 年 1 月颁行的《奏定学堂章程》确认了体育作为学校教育内容的地位，形成了体育作为培养全面发展人才的共识，西方近代体育由军队正式走进学校，1905 年科举制度被废除又使学校教育得到进一步的发展，也为学校教育扫除了障碍。此后，与学校体育相关的报道频频出现于报端，民国初年尤甚。

表9 1905—1914 年报刊体育报道数量统计表

关键词	年份										总计
	1905	1906	1907	1908	1909	1910	1911	1912	1913	1914	
体育	6	11	16	11	20	12	21	9	26	44	176
学校体育	1	0	0	2	2	0	0	2	3	15	25
体操	12	13	17	5	18	20	34	5	31	48	203
学校体操	0	1	0	1	8	0	0	3	15	18	46

续表

关键词	年份										总计
	1905	1906	1907	1908	1909	1910	1911	1912	1913	1914	
强种	0	0	0	3	0	0	1	2	1	1	8
强国	7	7	3	5	4	1	2	9	3	10	51
军国民	2	2	2	1	15	1	5	2	3	0	33
武术	1	0		1	0	0	0	0	0	1	3
游泳	0	2	5	2	1	0	2	2	1	5	20
赛马	0	1	1	2	2	2	0	2	1	0	11
尚武	4	4	6	4	1	4	8	6	2	5	44
篮球	0	0	0	0	0	0	0	0	2	0	2
足球	0	0	0	0	1	0	0	4	3	3	11
排球	0	0	0	0	0	0	0	0	0	1	1
网球	0	0	1	0	0	0	1	7	1	0	10
运动	37	23	35	34	44	41	56	69	114	83	536
运动（会）	16	6	10	10	15	16	6	18	38	48	183
合计	86	70	96	81	131	97	136	140	244	282	1363

第二，官方报刊（包括准官报，如《舆论时事报》《中外日报》等）和民间报刊（不包括立宪派和革命派报刊）成为这一阶段体育报道的主要媒介，但民间报刊相对官报而言，其影响力更甚。从表 10 可以看出，无论是参与报道的报刊还是报道的数量，官报和民报都明显超过立宪派报刊和革命派报刊，其原因在于：首先，“新政”的推行和“预备立宪”使清政府在清末形成了一个从中央到地方比较完整的官方体系，它们在“开通民智”的名义下，介绍了一些仅限于技术层面的西学知识，但由于学校体育的推行，与体育相关的制度因其与政治制度变革并无紧密相关性而得以在官报传播，其传播效果虽然有限，但就体育传播而言，还是对社会产生了一些有益的影响。加之“强国强种、尚武、军国民教育”乃是改良之法，与清末主流意识并不相悖，故而时被论及亦属正常，学校体育教育亦属此范畴。其次，由于民间报刊总是以“立意”为民众服务，它们要么传播西学新知，要么注重开启民智，要么以商情为瞩，要么致力于宣传变革，但都与时代特征相符，反映社情民意。“体育”乃为西学新知，与民心相符，又符合社会舆论趋向，自然成为民间报刊多元

信息报道的内容之一。同时，民间报刊改变了官民文化格局，推动了体育文化的普及。再次，革命派报刊和立宪派报刊同属于政治性很强的报刊，它们往往以宣传自身派别的主张、见解和思想为主要任务，“体育”作为政治宣传的边缘性信息，只能处于从属之地位。

表 10 1905—1914 年刊发标题涵盖体育字眼报道的部分报刊

序号	报刊名称	体育报道数量	报刊属性
1	《北洋官报》	10	官报
2	《学部官报》	9	官报
3	《江苏教育行政月报》	6	官报
4	《教育研究》	6	官报
5	《政府公报》	5	官报
6	《直隶教育杂志》	3	官报
7	《江苏省公报》	3	官报
8	《江宁学务杂志》	2	官报
9	《四川官报》	2	官报
10	《教育杂志》	15	官报
11	《教育周报》	11	民报
12	《体育杂志》	11	民报
13	《振华五日大事记》	8	民报
14	《教育世界》	4	民报
15	《福州青年会报》	4	民报
16	《中西医学报》	2	民报
17	《妇女时报》	2	民报
18	《申报》	19	商业报
19	《通问报》	2	教会报
20	《广益丛报》	8	革命派报刊
21	《云南》	3	革命派报刊
22	《绍兴白话报》	3	革命派报刊
23	《真相画报》	2	革命派报刊
24	《大同报》	3	立宪派报刊

另外，就民报与官报对体育传播的影响力而言，民报在这一阶段的优势更为明显，一是民报的数量远远超过了官报；二是民报内容以社情民意为主，贴近民众，读者多为一般社会公众，是民众的向导和喉舌，

它所产生的社会影响力广泛。而官报虽以“通上下之情”为标榜，但实际上主要是上情下达，充当的是政府的喉舌，大多篇幅都是刊载公文章程等官文件，其他方面新闻相对少而简陋，难以引起民众的兴趣，且往往以强制派销为主，所以社会影响力相对较小。虽然清末后期政府为控制舆论，曾采取入股和津贴等手段收买商办报纸（如《申报》曾为官方做宣传），但遭遇谘议局反对而终止。民国初年，民报的影响力进一步扩大。

第三，除了对西方近代体育项目的少量报道，有关体育理论、制度、规章、条例的介绍、评述和说明的新闻开始在报刊中出现。从表11所列的报刊部分体育标题可以看出，这一阶段有关体育理论的报道，既包括体育史、体育原理、体育学源流、体育与国家关系和游戏原理等，也包括西洋体育史学研究。与体育制度相关的报道有：体育部规则、学校体育制度、运动会条例及排球与足球等运动规则等。笔者通过晚清民国期刊全文数据库查询，选取1909年和1913年为样本，检索以“体育”为题名的新闻。1909年共有体育报道20篇，其中9篇与体育理论和体育制度相关。1913年共有体育报道26篇，有8篇与体育理论和体育制度相关（具体见表12），2年累计有超过三分之一的报道与体育理论和体育制度有关，由此可见，其在体育报道中的分量。与前一阶段注重体育宏观层面的制度性探讨相比，有关体育理论和体育制度的探讨越来越微观和具体，其报道的量也越来越多，尤其是随着专业体育报刊的出现，如1909年由徐一冰创办的《体育界》，随后于1914年创办的《体育杂志》，有关体育的报道越来越注重理论和实践，内容也越来越丰富，甚至体育彩票的报道也首次在商业报刊中出现。报刊对于体育的关注相对洋务运动时期已有了质的变化，在转型阶段的基础上又出现了新的生长点。

表11　1905—1914年报刊体育报道标题选录

序号	发表时间	标题	报刊名称
1	1905年10月28日	《论幼稚园注重游戏之原理》	《申报》
2	1906年6月12日	《沪南创办商学界体育会》	《申报》
3	1906年6月21日	《讲报社添设体育会》	《申报》
4	1906年（第2期，第83－90页）	《体育：运动会之规则及实际》	《云南》

续表

序号	发表时间	标题	报刊名称
5	1906年（第9期，第2－3页）	《学制：体育部规则》	《直隶教育杂志》
6	1907年（第16期，第7－8页）	《西洋历史上体育学之研究》	《振华五日大事记》
7	1910年7月7日	《美国大比武之结果》	《申报》
8	1910年9月21日	《严禁购买彩票》	《申报》
9	1910年（第6期，第7－8页）	《体操学源流考》	《协和报》
10	1911年（第1期，第4－11页）	《体育理论》	《塑望报》
11	1911年（第9期，第1－3页）	《运动之目的与效果》	《东方杂志》
12	1911年（第9期，第155－182页）	《体操讲义》	《师范讲义（续）》
13	1911年（第14期，第8－9页）	《学说：裸体运动之益》	《中西医学报》
14	1911年（第3卷第9期，第49－53页）	《教材：反身体操法（附图）》	《教育杂志》
15	1912年（第3卷第1期，第170－171页）	《体育：室外运动之一种：足球篇》	《进步》
16	1913年2月19日	《教育部审定体操类书》	《申报》
17	1913年（第3卷第5期，第96－109页）	《室外运动之第四种：篮球》	《进步》
18	1913年（第5期，第1－15页）	《体育要领》	《江苏教育行政月报》
19	1913年（第5卷第2期，第23－31页）	《儿童体育论》	《教育杂志》
20	1913年（第5卷第3期，第8－12页）	《研求体育》	《福州青年会报》
21	1914年（第1期，第9－11页）	《体育史》	《体育杂志》
22	1914年（第1期，第18－26页）	《中国式普通体操》	《体育杂志》
23	1914年（第1期，第71－77页）	《体育原理》	《江苏省立第二农业学校校友会汇刊》

续表

序号	发表时间	标题	报刊名称
24	1914 年（第 2 期，第 18－20 页）	《论体操书籍》	《体育杂志》
25	1914 年（第 7 期，第 1－3 页）	《排球法》	《白相朋友》
26	1914 年（第 3 卷第 1 期，第 199－204 页）	《杂录：体育与国家生活力之关系》	《江苏省第三师范学校校友会杂志》
27	1914 年（第 6 卷第 10 期，第 189－192 页）	《论学校体育》	《教育杂志》

表 12　1909 年和 1913 年与体育理论、体育制度相关的体育标题集合表

年份	标题
1909	《女子与体育》
	《续女子与体育》
	《赫德氏体育论（续第七十二期）》
	《赫德氏体育论（续一）》
	《赫德氏体育论（续二）》
	《赫德氏体育论（续三）》
	《赫德氏体育论（续四）》
	《赫德氏体育论（续第八十二期）》
	《体育与战斗力之关系》
1913	《研求体育》
	《体育丛谈》
	《儿童体育论》
	《评述：体育要领》
	《体育与本国教育之关系》
	《译述：远东体育会草章》
	《体育丛谈二则：论初等小学体操之不宜科任》
	《体育丛谈二则：冈田氏呼吸静坐法与反省》

有关体育史的研究在这一阶段开始出现于报刊中，1907 年，作者微全在《振华五日大事记》中以系列的方式发表了《西洋历史上体育学之研究》7 篇，作者首先阐述了研究西方体育的原因和初民体育的状

态，接着详细介绍了西方上古体育史、中古体育史和近世体育史，目的是让国民了解西人强大的原因并学习之，它是我国最早系统介绍西方体育史的文章。1914 年《体育杂志》连续刊发了乌程（今浙江湖州）徐益彬（徐一冰的原名）写的《体育史》，文章以通史的方式叙述了我国体育发展史，从古代田猎、射御、歌舞、武具和教育等几个方面详细介绍了古代体育的基本状况。

体育原理和理论的相关论述在这一阶段也开始见诸报端。作者士英结合自身实践，以西方体育学说为理论基础，从上下肢、胸肩腰腹等各部分运动到全身运动 9 个方面详细阐述了运动与生理之间的关系。作者胡贻清在《塑望报》上发表的《体育理论》一文，则主要论述了“体育之必要”的理由，包括人的幸福、经济、教育、审美、风俗、各国竞争、边防等。涉及体育运动规则、章程、条例的报道也频现各类报刊。譬如，1906 年《直隶教育杂志》就刊发了《学制：体育部规则》，文中所列规则共计十五条，第一条就明确了体育的目的，“以强壮身体、活泼志气、涵养德性”为目的。篮球、排球、足球、网球等西方竞技体育项目运动之法也得以在报刊上传播，如刊发于《白相朋友》中的《排球法》一文就详细介绍了排球的十项规则，由于国人对这些新式西方竞技体育项目认识有限，报人在翻译的过程中往往出现各种各样的小错误。譬如，《进步》杂志在刊载一篇图文并茂的大学生美式橄榄球（或称美式足球）比赛新闻时，却直接称之为足球比赛，且文中没有任何说明其与足球关系的文字。以上有关体育原理、理论、规则等西学知识的传播，大大丰富了我国近代体育的内容，推动了我国近代体育的发展，有益于其广泛传播。

3.3.2 生长阶段的报刊舆论与中国体育近代化

为了清晰地展现这一阶段报刊对中国近代体育的传播，下面以选录的不同报刊体育言论（具体见表 13）为文本，主要从报刊“尚武、强国强种、军国民”“学校体育”“各类运动会”言论对中国体育近代化历程加以分析和探讨。之所以选择以上三类，是因为尚武、强国强种、军国民主义仍是这一阶段朝野上下的呼声，而学校教育改革反映了时代的呼声，学校体育是实现人的现代化的重要途径，开展得如火如荼的各级各类运动会则是时代呼声的具体体现。它们都受到了报刊的极大关注，并引起了广泛的社会舆论，从而进一步推动了中国近代体育的发展。

表 13　1905—1914 年报刊体育言论标题选录

序号	发表时间	标题	报刊名称
1	1905 年（第 2 卷第 5 期，第 98－100 页）	《论尚武主义》	《东方杂志》
2	1905 年（第 3 期，第 1－9 页）	《尚武说》	《第一晋话报》
3	1905 年（第 17 期，第 31－32 页）	《论说：京师大学堂运动会告来宾文》	《四川官报》
4	1905 年（第 20 期，第 32－35 页）	《论说：京师大学堂开第一次运动会》	《四川官报》
5	1905 年 10 月 28 日	《论幼稚园注重游戏之原理》	《申报》
6	1906 年（第 3 期，第 29－32 页）	《论体育之必要》	《云南》
7	1906 年（第 12 期，第 22－24 页）	《强国在重武》	《敝帚千金》
8	1906 年（第 13 期，第 13－15 页）	《勇武是强国的好法子》	《敝帚千金》
9	1907 年（第 2 卷第 6 期，第 9 页）	《文丛：论体操之益》	《女子世界》
10	1907 年（第 16 期，第 7－8 页）	《西洋历史上体育学之研究》	《振华五日大事记》
11	1908 年（第 167 期，第 1－5 页）	《政事门：粹论·论国民尚武之精神》	《广益丛报》
12	1909 年（第 1 期，第 67－68 页）	《重体育！重体育!!》	《越报》
13	1910 年（第 2 卷第 12 期，第 29－30 页）	《评论：学生体育问题》	《教育杂志》
14	1910 年（第 12 期，第 105－107 页）	《军事琐谈：军国民解》	《武学》
15	1910 年（第 14 卷第 12 期，第 14－15 页）	《论说：时局·全国运动会之壮观》	《大同报（上海）》
16	1911 年（第 2 期，第 7－8 页）	《教育谈：唐麟杰（续论体育之意见）》	《江苏师范同学会杂志》
17	1911 年（第 4 卷，第 1－5 页）	《强种篇》	《民心》
18	1913 年（第 5 卷第 2 期，第 4－12 页）	《儿童体育论》	《教育杂志》
19	1913 年（第 5 卷第 6 期，第 18 页）	《体育与本国教育之关系》	《福州青年会报》

续表

序号	发表时间	标题	报刊名称
20	1913 年（12 月，第 23 – 25 页）	《说军国民教育》	《学海杂志纪念册》
21	1914 年（第 1 期，第 9 – 11 页）	《体育与武力辨》	《体育杂志》
22	1914 年（第 2 期，第 18 – 20 页）	《论体操书籍》	《体育杂志》
23	1914 年（第 2 期，第 69 – 71 页）	《欧美体育大家之言论》	《体育杂志》
24	1914 年（第 1 卷第 6 期，第 36 – 37 页）	《强国以强民身体为大防》	《新民报》
25	1914 年（第 6 卷第 10 期，第 189 – 192 页）	《论学校体育》	《教育杂志》

3.3.2.1 续论与辩驳——“尚武、强国强种、军国民”思想再传播

强国强种之观念，经维新、革命及有识之士的大力弘扬和传播，已达朝野一心，上下一致，至晚清最后几年表现尤为明显，然而，随着西方近代体育思想观念不断引入和国内体育教育实践的不断总结，体育本源之见伊始于报端，体育与尚武、军国民之辩也开始出现。由此，尚武、军国民的延续之观，体育与尚武、军国民的辩驳之言论构成了这一阶段报刊舆论的新景象。

就延续性论说而言，生长阶段有关强国强种、尚武之论与前一阶段并无太大差异。譬如，1905 年发表于《东方杂志》中的《论尚武主义》一文，作者认为，国家兴亡，“在乎民质尚武与否”，因民质是国家社会赖以成立的基础，“民质能尚武，则其国强，强则存。民质不尚武，则其国弱，弱则亡”。就尚武而言，有形式尚武和精神尚武，尚武之形式就是“习洋操也，购铁舰不能，兴海军也，增兵饷也”，注重客观而忽视主观。而尚武之精神，乃“临事而惟，好谋而成，沉雄强毅，不屈不挠，小敌不侮，大敌不惧，有冒险进取之性质，独立不羁之气概”，它注重主观且不失客观。尚武形式与尚武精神两者相辅相成，不可偏废，这样才能复仇雪耻，保国保种。1906 年，《敝扫千金》刊发的《勇武是强国的好法子》一文也表达了同样的观点，认为勇武是强国定而不可移的道理，只不过如今的勇武是文明的勇武，不同于古代野蛮的勇武。《强国以强民身体为大防》则认为尚武之事必须用法律加以规范。

除了以上直言强国强种及尚武的论调，不少报人也从体育的视角表达了近似的观点。1906 年，伯林在《云南》上发表了《论体育之必要》一文，表达对当时体育的看法。他认为无论富贵者还是时代俊杰，“莫不赖身体之健全，否则虽持万金以求富，以不世出之才以求贵，以百折不挠万险不渝之志以求为贤豪，求为俊杰，无异乎聋者欲听，盲者欲视，哑者欲言，跛者欲奔，有是理想而无是能力”，再次论证了现代人“尚武”的重要性。1907 年刊发于《女子世界》中的《文丛：论体操之益》一文，作者亦论述了练习体操的功效——“能使血脉流通，筋骨强健”。如果不练习体操，则身体必弱。

如此种种之观点在这一阶段的报刊中还有许多，但大都是严复、梁启超等“尚力、贵武”思想的重复和延伸，是当时社会舆论影响的普遍反映，是国人面对国破之现状自我反省的观点呈现，乃时势所趋，民意所在。

就报刊舆论之于体育的辩驳而言，则主要体现在对军国民教育的反思。军国民体育思想是由一批留日学生 20 世纪初直接从日本引进的，进而在报刊上大力宣传。他们主张在学校和社会推广军人教育，培养新国民，以兴国民之元气精神，承担国家的责任和义务。之后其被资产阶级革命派所推崇并付诸他们的革命行动，直至民国初年。然而，由于军国民主义是特定历史条件下的产物，具有沙文主义特性，随着国人对西方近代体育理论及思想研究的加深，一些体育先知先觉的知识分子开始认识到它的局限性。1909 年，蒋维乔在《论学堂轻视体育一说》中就明确提到，“体育亦非专门养尚精神之谓，谓宜使国民之躯干与智识俱进，而后成为有用人才之身体耳，今乃忽之，则戕害人之子弟而已矣”。

而近代著名体育家徐一冰则是其中的代表人物，他曾于 1909 年创办中国第一份专业体育报纸《体育界》，于 1914 年创办《体育杂志》，为中国近代体育传播做出了有益的贡献。1914 年，徐一冰在《体育杂志》上发表《体育与武力辨》一文，始开反思军国民体育思潮之先河。作者认为，随着“西风东渐”，各种学说盛行，但对于体育往往“视为轻忽而不足道”，政府也不知如何进行，从而导致学校体育只行表面功课，社会体育更是口头空谈，没有实质的举措，而军事体育则沦为金钱运动的现状。国人对于体育的心理，要么认为不必提倡，要么不敢提倡。而军国民教育，自民国以来，“为全国教育之主义，朝野同心”。

显然，国人对于体育存在误解，把体育与军事等同，“误以军事为体育，致专以武力从事”，但这实际是违背人道的举动，因此，“好勇斗狠可谓之研究体育乎，非也。武力耳，战征杀伐，可谓之研究体育乎，非也”。武力只是在天下事没有办法解决的时候才用，发扬武力和偏重军事乃国家专门准备防御外侮时才用，它只是少数分子，武力并不是人类保持健康之法。把武力作为保国强种的要素直接阻碍了正当体育的进行。那么，什么是正当体育呢？徐一冰认为，体育无外乎卫生与运动两部分，其目的是保存世界人类之健康，故而“普及教育之根本也，在能养成人人具有健全之体格，活泼之精神，得永久享受康强之幸福，可以研究学问，可以经营事业，知识日进而不倦，道德日高而不怠，实业也，商业也。人人能出全力而为之，与彼列强竞争，于谦恭揖让之间，得无形之优胜，是非正当体育之发达不可”。

虽然徐一冰对于军国民体育思潮的反思还比较笼统，但其毕竟开始从体育本质的角度去认识两者的差异性，开创了反思军国民体育思潮的先河，是五四新文化运动之前体育界体育文化启蒙的先声。

3.3.2.2 反思与批判——学校体育教育思想、观念的传播

尚武精神和军国民主义的勃兴，德、智、体“三育”并重等新教育思想的传播，直接促使学校体育在各级各类学校广泛推行，在这一过程中，中国传统的体育教育观念、思想和教育形式受到了近代西方文化的不断冲击，由此，国人逐渐开始反思学校体育教学，在实践中不断探寻学校体育教育正确发展的道路。知识分子在这一过程中扮演了重要的角色，他们利用报刊这一当时社会影响巨大的媒介平台发出了自己的呼声，甚至是呐喊，虽然此时他们的声音还很微弱，但已开始触动国人的神经。

“癸卯学制”颁行之后，随着科举制度被彻底废除，清末各式学堂在各地纷纷成立，然而，其在指导思想上仍采取封建式的“忠君、爱国”的教育宗旨，体现在学校体育教学上，呈现出明显的军国民主义倾向，以兵式体操为主要教学内容，加之当时体育师资缺乏，导致于摇晃中破土而出的体育教育问题层出不穷，引来诸多诘难。

1906 年，伯林在《体育》一文中首次发难，作者感叹：“我国学堂林立，识时者莫不趋重，然非沿一二无意识之游戏，即拉杂数段无规则之普通体操，否则兵式徒手，颠倒错乱，教者敷衍，学者厌嫌，而浅见

之守旧者，因从而訾之鄙之，学者乃愈不屑为，即为之而亦毫无伦理诸价值。”况且，运动有先后排列，每一层次的学习应深浅不一，所授课程亦有相当之差异，所谓“功虽一，而法则二也”，要达到体育强身体、养精神之目的，“则固非徒运动所以收体育之效果”。真正的学校体育教育应是能使人“身体健全，精神焕发，有坚韧之能力，有高尚之理想，有冒险之精神”，要培其本而治其末，这样才能达到运动和精神兼具的结果。作者浮邱在《评论：学生体育问题》（见 1910 年《教育杂志》第 2 卷第 12 期，第 29 – 30 页）一文中也提到，学校体育“应视学生之年龄及身体发达如何，按其体力采适当之教材以授之，视为无足重轻不可也，矫枉过正不可也”，可是有些学者，平时对于体育课不十分注意，往往在开运动会之前才十分准备，等到运动会结束之后，学生由于过于劳乏而致病，且历久不愈。作者在文章最后呼吁：“所望办学者于体育一事，宜注重于平时，不宜注重于一日，按照生理循序为之，庶几可矣。”

1909 年，作者蒋维乔在《论学堂轻视体育之非》一文中则指出了当时学校体育在各级各类学校推行之难的窘状，“我国之学堂则殊不然，教者非不知智、德、体三育并重之说，而于体育则恒轻视之。乡僻小学，经费既绌，延师尤难，并体操一科缺之者比比矣。城镇小学，亦率徒具形式，而鲜精神。至各地中学以上之校，大抵务注入精密之智识，强生徒以过分之负荷，而不问其身体之能胜与否”。虽然政府面对这种状况，采取了变通小学章程的举措，然而却不得要领，在实施过程中却把体育与尚武精神等同，“无论完全科与简易科，皆列体操为必修科矣，其授课之程度时刻。初等小学之前三年，游戏居三分之二，体操居三分之一，及其末年，游戏体操各居其半”，所以作者感叹，体育不仅是指体操一科，“凡竞走、角觝、游泳、竞漕、升木、击毬诸技，无不包焉”，同时，学校应该设置专门从事体育运动的教师，这样才能达到体育的真正目的，并希望教育部门要加以重视。由此可见，当时学校体育教育不但存在缺乏经费、师资等现实问题，也存在体育教育内容单一、层次不分等问题，但其中最重要的是学校不重视体育，甚至轻视体育教育。针对这种状况，教育者唐麟杰在《续论体育之意见》（见《江苏师范同学会杂志》，1911 年第 2 期，第 7 – 8 页）一文中指出，应定期组织研究会探讨解决问题的方法，“凡在一城者，或二三星期或月聚一次，在乡间或他处者，投函问答，讨论以研求教授之适宜力祛敷衍躐等之弊务”，其目的是“求各学校教授一律，则学童亦所无所效仿，自能遵从命令而教习，亦易于教授，得以尽其心力以谋，学童身体之健全，精神之活泼，体育进步庶有可观”。

民国初年，政府认识到国民积弱不振的现状并未改变，所以想矫正过去的尚武精神，并以此为当务之急。1914 年，教育部通令各省小学务必注重体操。徐一冰在《教育部注重体操电》一文中指出，政府本意虽好，“但无奖励法、惩戒法以随其后，则一纸公文，仍属奉行故事，实行尚未知何日”，即使有奖励法、惩戒法的规定，但所派视察的官员又未必精通体育，最后只能是“轺车所至，不过如云烟之过眼，视作俳优之戏而已”，可见奖励、惩戒之法，真正要实行绝对不是易事，更何况中国事大多有名无实。作者沮丧之情溢于言表。当年，徐一冰又在自己和徐傅霖共同创办的《体育杂志》（注重欧美国家学校体育的介绍）上发表《论学校体育》一文，痛陈轻视学校体育之非，他在文中写道，“学校体育之四字者，于吾国教育界上已成一种口头普通之名词，无足轻重者也。民国成立以来，教育部曾有尚武精神之训令矣，一般教育家亦尝有提倡军国民教育之意见矣，然而尚武精神云云，军国民教育云云，均一空阔无过浮而不实之浑称也，至究其方法如何？施行如何？及如何而始有实效？如何而可得良果？又何尝有确实之研究，以示进行之方针耶。噫！我知之矣，彼执教育行政及主持教育者，要亦鉴于东西洋之注重学校体育以及教育原理上之智德体三育不可缺一，所谓人云亦云而已乎”。其后，徐一冰指出，学校运动，不仅是有体育理论就行，它必须运用确实可行的科学方法，在不断的实践中磨砺技能，这样才具有价值。对于学校体育存在的问题，不能把所有的责任都往学校体育教育者身上推，如果都这样，岂不是得一良师，则是学校之幸运，“反是则于运动一方，不特不能收良好之结果，甚至为无次序之运动及不规则之运动，或下教育上毫无关系之运动，其为害非浅显也”。当今主持教育的人，大部分都没有从事体育的经验，因此，对于体育这门课，他们既不能考查其成绩，而青年学子又大多贪图安逸，畏惧劳苦，致使怠惰成风，无法补救。今日这种学校体育的现象，可以说真是有名无实。作者认为，要真正兴盛学校体育，“全视师范学校体育之如何为进退耳”。如此，“十年训练，庶几其有大效乎”，如果不这样，“则因循复，因循复苟且敷衍，不思振作，则吾惰任体操者，其将为教育界之大罪人矣”。

作为中国体操学校的创办人，徐一冰从专业的眼光，批判了当时学校体育存在的各种弊端，他的这些言论，大大推动了中国近代体育的传播与发展，尤其是中国近代学校体育的改革和发展。

对于学校体育的现状，亦有学者从体育教学参考书的角度谈了自己的看法。1914 年，《体育杂志》刊发了《论体操书籍》一文，作者指出，目前我国体操教师仅有不到 20% 毕业于专修学校，其余或出身于军队，或毕业于师范，这些教师，虽然在教学上不会有太大困难，但在教学过程中往往感叹没有合适的教材可用，"于是赖书籍为补习之师传，以完满学校之体育"。可经作者调查发现，目前我国的体育参考书仅有百种，这些书按其内容可划分为三类：一是专家著述；二是学部（当时中央教育行政机构）编辑的书籍；三是书肆中出版的译自日本的书籍。第一种书籍是作者摘录其他书籍的精神而编成的，宗旨纯正，程度适当，最适合作为学校教师的参考书。第二种书籍都是以日本书为蓝本，采用日本名人的著作。因为原本就存在很多错误的地方，译本则错误百出。第三种是完全按照日本的体育书翻译的，但这些书又大多原出于德国，国人并不知其书的好坏，况且很多译者根本不懂体育，存在胡乱翻译的情况。以上三种书，第一种和第二种占十分之一左右，而第三种占十分之八九，购阅人也不在少数。"盖我国之体操教师，目不识丁者居多数，虽购体育书籍数册，不过装饰品耳，即读亦不知其优劣，此荒谬书籍之所以多也"，所以作者提出按照统一标准编译体育书籍，并提出了六个标准，即"一、合于我国人者；二、他国之新发明者；三、可以实行者；四、程度合者；五、不背学理者；六、易于普及者"。如果按照此六种要求编译，才能称之为完善之书。如此，则可在一定程度上提高我国学校体育教师的水平，改善学校体育教学，规范学校体育内容。

在生长阶段，体育的位置最终在学校教育中得到确认，中国近代学校体育教育问题引起了社会各个层面的重视和关注，知识分子、精英借助报刊这个广阔的平台，评介学校体育的得与失，反思和批判学校体育教育中所存在的种种问题，引导国民正确认识学校体育，重视学校体育建设，在不断的争论声中推动我国近代学校体育逐步走向初步现代化。

3.3.2.3 激扬与憧憬——运动会宗旨、精神的传播

清末“新政”，颁行“癸卯学制”，废除科举，推动了学堂（校）运动会的蓬勃发展，每年春、秋两季，各地学堂（校）或单独，或联合举办运动会，有些城市也不定期举办运动会。这些运动会举办的宗旨与当时“尚力、贵武、军国民”的思潮一脉相承，以图改变国人“孱弱病夫”的状况，正如1906年天津师范学堂运动歌所表达，“民生其间，咸适于物竞天择，扬我黄龙帝国徽”。正因为如此，在全国各地所举办的各类大小运动会引起了全国许多报刊的关注。从表9的统计数字也可以看出，有关运动会的新闻占了这一阶段体育报道总量的近七分之一，这还不包括当时很多商业报刊的运动会报道，如《大公报》等。1910年，清政府在南京举办的第一届全国运动会，1913年中国第一次参加的洲际运动会——第一届远东运动会，全国报纸更是高度关注。这些运动会经过报刊传播，对中国社会产生了很大的影响，对中国竞技体育比赛也起到了示范作用。

1905年，京师大学堂举办第一次运动会，《四川官报》第一时间刊发了《京师大学堂运动会告来宾文》，文章开篇就谈到了运动会的目的，“以为造就人才之极，则凡德育体育之方不可不求其完备矣”。此后其公开表达了预防运动会之弊的三大原则：“一也，技精者自衒其能，则稍疏者，皆有趑趄不前之意，运动会遂为少数竞技之地；二也，且因运动之故而致荒平日学业，遂以体育夺德育之日；三也，本大学堂学生平日课余皆令练习各种体育法，而今日之会，则论其技之熟与否，皆得兴焉，以无一人不习体育为义例。”这篇告来宾文，不但清晰地表达了学校培养全面人才的宗旨，也道出了参与运动会竞技的基本精神，参与、竞争、培养运动习惯等，为全国其他各级运动会的开展提供了一个良好的参考范例。1914年发表于《体育杂志》上的《运动会之趣旨》一文，则更为全面而深入地论述了运动会的主要宗旨，作者陆济指出：“运动会者，乃平时体育成绩之展览会，非所以炫耀奇才异能以博社会之观赏者也。学校举行运动会，非特发表平时之体育成绩，且可以增进训育之实践，盖能使生徒注意于协同的发奋共游的快感。俾各尽其责任，各展其个性，凡修身科上所谓快活、刚毅、合群、勇敢、坚忍诸德，皆于运动会实践之、反省之（英、德两国之运动会以高雅稳健为重，法国运动会以奇巧为重，美国运动会以沉毅勇壮为重，识者于以观

各国民之品性，以卜其势之盛衰焉）。是故，统一学校之精神，以树善良之校风，莫运动会若。”作者同时也指出了我国运动会不足的地方，一是注重个体竞争，“仅图天才的发挥，鲜有及于团体者”；二是缺乏提倡社会体育，应通过举办运动会，“力取美感而饶有趣味者，以树社会体育之先声”；三是缺乏统一规则，导致各种冲突频发，应在运动会中养成协同守规则的美德。

1910年刊发于《大同报》上的《全国运动会之壮观》一文，作者浓墨重彩地以白描的手法再现了第一届全国运动会的盛况景象，“三河少年、北方豪俊，不数日间蜂拥云集，到者辄以千百计。如竞走、赛跑、投掷、跳高、跳远等运动，五花八门，气象奋发，直有雄视五洲，俯吞全球之势吁，亦可谓壮矣”。文章最后，作者感慨激昂，勉励学生走向世界竞技舞台，为国争光，所谓“今日全国运动会，各学生之拔帽以登者，哀然前列固足称贺，然尚不过各学堂与各个人之荣耳，他日者倘得于全球运动会而获优胜，则红旗奏凯，万国欢呼。迎20世纪新舞台之大捷音，诚我中国之幸福耳”。

各级各类运动会是民众社会生活的一个重要方面，它不但是近代中国学校体育发展的缩影，也从一个侧面呈现了中国近代体育的历史变迁过程，近代报刊用文字和照片（新闻照片在辛亥革命时期被广泛使用）记录了清末民初运动会的景象，引导国民欣赏体育、参与体育、崇尚体育运动的社会风气，给全国造成了极大的社会影响。

3.3.3 小　结

综观以上史料的归纳和分析可知：

第一，媒介舆论环境的生长为中国近代体育的传播和发展提供了良好的舆论氛围。1905年至民国初年，承担着趋新意识和思想引导职责的民间报刊无论在规模上，还是结构上都有了很大的变化。学者刘增合曾提到，第二次国人办报高潮所创办的报刊，为清政府所控制的不足十分之一，从媒介结构看，面向市民的白话报刊在晚清最后7年中就创办了65份，这还不包括不能断定确切时间的近20种，以及文白相间的那部分报刊。民国初年，临时约法规定人民有言论著作刊行的自由，加之党派利益尚未完全渗透到公共领域，报刊结构优化，规模仍处于上升趋势。故而游离于国家控制之外的民间大众媒介已初具规模。就其内容和宗旨而言，这些报刊大都以“开启民智、开化风俗、浚导文明”为主旨和内容倾向。以报刊为主的大众媒介已经演化成贴近市民社会的公共品格，它们与政治疏离，造成生长阶段舆论批判空间的生成。随着报刊舆论批判空间的生长，因身体话语而被烙上国家和国民改造烙印的体育话语在政府和公众之间构建了一个新型信息交流平台，中国近代体育在相对自由和宽松的社会舆论引导下不断走向制度化和规范化。

第二，引导生长阶段中国体育近代化的舆论主体不再是政治精英，更多的是知识精英，既包括以言论为职业和事业的知识类精英，也包括专家学者类精英，他们通过近代媒介组织——报纸和期刊等公开发行的出版物，面向社会大众发表观点和意见，引导社会舆论，为中国近代体育思想启蒙打下了坚实的基础。生长阶段的媒介舆论环境决定了政治精英不再拥有绝对的话语权，代之而起的是知识分子精英，专家学者类精英在通过报刊传达个人体育思想、观念和看法的同时，以传播体育理论、体育史学等体育科学知识为主。而以言论为职业和事业的报人则直接通过自办或服务的报刊关注当时社会的体育焦点和热点问题，诸如学校体育教育、军国民教育等。这一时期的知识精英中的很多人都有留学或游学的经历，如徐一冰就曾在日本大森体操学校留学 2 年，因此，他们往往能以专业的眼光，充分运用西方近代体育的思想和观念引导社会舆论。

第三，相对于革命派、立宪派等政治派别报刊，官报和民间报刊在这一阶段涉及体育信息和言论报道的数量较大，尤其是民间报刊对体育关注度较高。随着《体育界》《体育杂志》等专业体育报刊的出现，体育史、体育理论、体育制度尤其是社会普遍关注的学校体育问题得以广泛传播，形成了积极的社会影响，推动了中国近代体育发展。革命派、立宪派等政治派别报刊明显的政治倾向导致体育相对边缘化，对体育的舆论引导往往限定在思想意识的宣传中，所产生的社会影响力并不大。民族危机下的官报和民间报刊在非政治话语空间下的体育领域找到了某种契合，这主要体现在对学校体育教育的思考和反省，官报作为政府的喉舌，对于学校体育及其相关的“尚力、贵武、军国民”报道往往体现出“上情下达”的官方态度，缺少批判的精神，虽然有关体育的报道数量不少，但所产生的社会影响力有限。倒是处于生长阶段的民间报刊常常将各类体育事件和体育问题置于社会公共生活空间之中，使之很容易成为公共话题，尤其是涉及学校体育教育观念、思想和制度等相关问题时更能彰显。同时，民间报刊相对于官报具有明显的批判意识，报人和专家学者担当启蒙精英的角色，以报章代言的模式，综合所有具有自主意识和独立精神的民众的诉求，在反省和批判中引导公众舆论，往往容易产生积极的社会影响力。生长阶段的民间报刊对于军国民主义、学校体育的反省和批判就是最好的例证。

第四，以“尚武、军国民”为标志和内涵的近代体育雏形，在专家学者和报人知识精英不断生长的体育话语空间里得以生长。伴随着近代教育体制的创建，在碰撞和融合、反思和批判中开始对国民从形体到品质的塑造，建构近代体育观念，从而形成规范化、制度化的学校体育教育新体系，推动中国学校体育近代化的进程。同时，随着西方近代体育思想、观念的传播和各地体育（操）专修学校的成立，研究体育之学呈现出新的景象，体育史、体育原理、体育理论、各种竞技体育运动项目竞赛规则开始频频被报人作为报道的主题，为适应各类读者市场的需求，各种编译的体育（操）书籍和自编的书籍、讲义等公开出版物也得以迅速传播，它不但拓展了我国近代体育传播的内容范畴，而且有效地促进了中国近代体育的发展，为中国近代体育走向初步现代化做出了积极的贡献。

一言以蔽之，生长阶段的媒介舆论在中国体育近代化过程中所扮演的角色与转型阶段相比又有了新的变化，民间报刊舆论成为中国近代体育发展的主导媒介，知识分子尤其是专家学者和以言论为职业和事业的精英群体成为舆论引导的主体，随着媒介舆论环境的改变和生长，通过身体话语表达的对民族国家的精神诉求——尚武、军国民思想得以继续在报刊上传播，知识精英以责任意识反思和批判学校体育教育，各种运动竞赛尤其是运动会报道成为生长阶段报刊传播一道亮丽的风景线。各种西方近代体育新知被各类报刊广泛传播，体育史、体育原理、体育理论等体育学研究始现，从多方位、多层面推动中国近代体育走向初步现代化的进程。

3.4 重构阶段的媒介舆论与中国体育近代化（1915—1927 年）

重构主要是从“西学东渐”的视角来看待中国近代体育变迁，五四时期，国人开始对外来的体育观念进行消化、整合和重构，以期重新建构中国近代体育的价值观念，它包括重新设计、构建和建造，是一个全方位的综合过程。

五四时期，一般是指 1919 年五四运动前后的那段时间，其上限可以追溯到 1915 年《青年杂志》的创刊，下限则可以延伸到 1927 年南京国民政府成立之前。它是中国走向现代化的一个重要阶段，是变被动现代化为主动现代化的转折期，是最具革命性的一场思想解放运动。中国近代体育也迎来了发展的良好历史契机，随着新文化运动的兴起，精英分子开始从民主、自由、科学的观点来探讨体育问题，以更科学、更理性的态度去思考体育问题。自此，以军民体育为标志强国强种的体育观念受到极大的挑战，在上海召开的第二届远东运动会和教会学校体育活动的双重影响下，近代中国人在体育认识和体育观念上开始发生变化，由“提倡尚武精神”向“提倡正当体育”转变，由强国强种的观念，逐渐向健身、娱乐、竞技的观念转变。在这一转变的过程中，围绕“何为时代需要的体育”这一主题，形成了传统、反传统及兼容并蓄的三种态度，不同体育思想、中西体育文化交流、激荡和碰撞，如何调适中西文化价值观念，探索适应中国的体育发展之路的声音在五四时期蓬勃发展的各类报刊言论中不断演绎。

3.4.1 总体概况

五四时期的大众传播媒介仍是以报刊为主，此阶段的报刊内容丰富，思潮跌宕，流派纷呈，相对政治、经济报道，体育并非报刊主要关注的对象，但随着体育渐渐褪去革命的激情和色彩，慢慢进入群众的日常生活之中，越来越多的报刊开始设置体育专栏，专业体育报刊不断增多。譬如，上海一地在这一阶段就先后创办了《体育季刊》《体育月报》等共 8 种体育刊物，以满足读者的体育需求。下面先通过计量统计的报刊体育报道数量及报道内容，结合当时的历史背景，简要概述重构阶段的报刊对中国近代体育的传播。概而言之，主要体现在以下 3 个方面：

第一，体育传播理念发生了重大变化，与晚清至民国初年体育与军事、教育相互混杂与融合的传播状况不同，体育的独立性特征开始慢慢凸显。从表 14 ~ 表 16 可以看出，相对前面几个阶段，有关篮球、足球、排球、网球、田径、游泳等现代西方竞技体育运动项目的报道在报刊体育报道中所占的比重明显增加。体育传播关注的不仅有思想精英的宣传和引导，报人开始更多地把报道的触角拓展到广大民众乐于参与和欣赏的体育运动中，延伸至民众的日常体育生活中。这些报道一方面迎合了世俗的群众心理和现实需求，另一方面也体现出民众对于体育价值取向的变化，是国家与社会关注点的反映。在读者现实需求的驱动下，很多报刊开辟体育专栏，尤其是从五四时期兴起的大量副刊也相继纷纷开设体育专栏和专号。譬如，《申报》于1923年在《教育与人生》周刊开辟的体育专栏，《学灯》杂志于1922年设立的体育专号，《学生杂志》1923年出版的“体育研究号”等。同时，武术作为中国传统体育项目，在报刊中出现的频次也明显增加，这与当时北洋政府大力提倡和国粹主义体育思想的兴起有很大关系，但它也是国人对近代西方体育文化传播的反思和对中国传统体育文化的反省，这种反思和反省的过程是中西体育文化交流和碰撞的必然结果，更容易彰显出体育的独立性特征，丰富报刊体育传播内容，引导民众认识和理解中西方体育文化。

表14　1915—1927年4月前部分报刊体育报道数量统计表

	体育	体操	篮球	足球	排球	网球	游泳	运动会	田径	武术	其他	总计
篇数	2816	532	571	936	42	365	185	1780	185	157	1350	8919
百分比/%	31.6	6.0	6.3	10.4	0.4	4.0	2.1	20.0	2.1	1.7	15.4	100.0

表15　1918年《申报》体育项目报道数量统计表

	篮球	足球	网球	武术	体操	赛马	其他	总计
篇数	3	20	13	18	36	19	97	206
百分比/%	1.5	9.7	6.3	8.7	17.5	9.2	47.1	100.0

数据来源：肖鸿波．《申报》77年体育报道研究（1872—1949）［D］．上海：复旦大学，2011.

表16　1918年部分报刊体育项目报道数量统计表

	体育	体操	篮球	足球	网球	武术	赛马	游泳	其他	总计
篇数	287	93	15	20	8	6	8	11	153	601
百分比/%	47.7	15.6	2.5	3.3	1.3	1.0	1.3	1.8	25.5	100.0

注：总共涉及25份报刊。

第二，报刊体育传播内容越来越注重各类竞技体育比赛、普及体育知识、体育场馆、设备等硬件建设，体育广告也越来越多地出现于商业报刊中，它标志着人们对体育的认识越来越靠近体育的真义和本质，并逐渐呈现出它娱乐、健身、竞技的功能。为了清晰地了解这一阶段报刊体育传播的内容，笔者选取了一份综合性日报《申报》和一份专业体育杂志《体育季刊》作为样本，对它们在某一时段的体育报道进行统计。从表17可以看出，1920年1月，《申报》涉及体育的报道总计60篇，其中占比重最大的是各类体育竞赛，高达55%，如果算上与竞技比赛相关的各类运动会，则总比重接近三分之二，而知识的介绍有利于拓展民众视野，普及体育知识，体育场馆、设备建设及体育广告都与民众的生活密切相关。专业性体育刊物《体育季刊》的体育报道内容及数量也呈现了相似的信息（具体见表18）。如今，我们已知道体育是一种社会文化现象，它以身体练习为基本手段，以追求身心健康和人的全面发展为目的，具有教育、健身、娱乐等功能，从建构阶段报刊体育报道的内容可以看出，它与我们今天所理解的体育内涵基本相符，体育渐渐生活化，成为民众日常生活的一部分。这表明，近代中国人的体育观念开始由强国强种逐渐向竞技、健身、娱乐的观念转变。但是在这一转变过程中，人们对于西方近代体育项目的认知和了解仍然处于一个初步发展的阶段，我们可以通过一篇报道来管窥这一事实。1924年，《教育与人生》刊登了一篇署名为马金淦写的新闻《运动会与中国语言文字》，作者在考察中国运动会为什么经常用外文的原因时提到，目前在我国开展的各项运动名目，尚未有正式的中国名词，大都是从外国传来的，所以中文名称不统一，像“队球”项，有人称说“排球”，又“棒球”，有人称说“棍球”。因为中文名称不统一，就不容易明白，因之说 Volley Ball 和 Base Ball，英文名称反而容易了。还有网球、棒球、游泳等几项中的比赛名称，一时实难拿中国语言译出来，因之大家采用外国语言，运动亦不易普及了。由此可见，当时的很多西方近代体育运动项目虽已引入中国，但大都还没有科学的、统一的名称，而当时能听懂外文的人又极少，更别说开展和推广了。

表 17　1920 年 1 月《申报》体育报道内容及数量

类别	数量	具体内容	百分比/%
体育竞赛	33	篮球、足球、越野赛跑	55
各类运动会	6	万国运动会、远东运动会、全运会、省运会、校运会	10
体育知识	11	世界各国体育运动介绍	19
学校体育	3	兴学、招生等	5
体育广告	3	体育用品、书刊、游艺大会	5
体育场馆	2	跑马场、滑冰场建设	3
体育组织	2	武术会事务	3
总计	60		100

表 18　1922 年《体育季刊》体育报道内容及数量

类别	数量	具体内容	百分比/%
体育竞赛	30	网球、篮球、足球、笼球比赛	33
体育知识	27	欧美体育介绍、体育用书介绍等	30
学校体育	6	学校体育方针、组织大纲等	7
运动会	5	远东运动会、大学联合运动会、东大南高运动会	6
世界田径赛	1	成绩公报	1
体育组织、体育制度	6	体育会章程、制度	7
体育场馆	3	体育建筑、设备、为什么要公共体育场等	3
其他	12	其他	13
总计	90		100

注：《体育季刊》1922 年 5 月创刊，所以统计时间为 1922 年 5—12 月。

第三，不同性质，不同类别的报刊对体育的报道和探讨所形成的社会舆论合力推动中国近代体育的广泛传播和发展。陈昌凤认为，随着新文化运动的推进，最终形成了三大主流思潮：一是倡导社会革命的马克思主义思潮，二是倡导自由主义的社会改良思潮，三是新传统主义（正本清源，承续传统；中和贯通，重塑传统；中学西渐，开新传统）。笔者以“体育、运动（会）、篮球、足球、排球、网球”等作为关键词，在民国时期期刊全文数据库查询所涉及的部分报刊，加上本研究样本——商业报刊《申报》，依据其创刊宗旨并参照相关文献制作了报刊分类表（具体见表19），以求呈现一梗概。从表中可以看出，与体育相关的报道主要涉及倡导社会革命和新传统主义的报刊，在其他各类不同报刊中，或在介绍思潮方面有交叉，或因宗旨变化而不同。总之，这一阶段的报刊对于体育的传播，不像前3个阶段呈现明显的界限，报刊形成了学术民主、自由争辩和百家争鸣的风气，不以某派为一尊，思想文化领域呈现出自由发展的新景象，政论、时评尤其是杂文针对各种社会现象、社会问题展开了激烈的争锋。在这样的社会舆论环境下，报刊对于近代体育的种种问题展开了全方位的探讨，促使了中国近代体育在五四运动前后开始走上了初步现代化的道路。

表19 1915—1927年刊载体育报道的部分报刊分类表

类别	报刊名称
倡导社会革命的主要报刊	《新青年》《晨报·星期画报》《晨报副刊：新少年旬刊》《民国日报·觉悟》等
倡导新传统主义的主要报刊	《东方杂志》
其他	
校刊	《北京大学日刊》《南开周刊》《沪江年刊》《清华周刊》《国立广东大学周刊》《江苏省立第二女子师范学校校友会汇刊》《南中周刊》《暨南周刊》《北京高等师范学校周报》《沈阳高等师范学校周刊》等
教育类	《江苏教育公报》《新教育》《安徽教育月刊》《教育周报》《教育杂志》《教育研究》《南汇县教育月刊》等
专业类	《体育丛刊》《体育季刊》（从第3卷起改名为《体育与卫生》）《体育研究》《体育月报》《精武》等
学生类	《学生杂志》《学生》
其他	《南洋周刊》《南洋旬刊》《青年进步》《妇女杂志》《杭州青年》《政府公报》《江苏省公报》《奉天公报》《教育与人生》等

3.4.2 报刊舆论与中国近代体育传播

五四时期，知识分子把报刊作为启蒙阵地，宣传民主、自由、科学思想，把科学理性精神传播到社会科学的各个领域，中国近代体育开始由传统封闭向现代开放转变，但缘于道路选择的不同，各种体育思想纷纷产生。加之当时分裂的北洋政治势力无法掌握全局，白话文运动和沟通报人与读者之间的“通信”栏目的普遍设置又进一步使报刊精英文化向大众文化过渡，报刊报道转变为广泛意义上的公众舆论，因此，这一阶段的公众舆论处于最强势，从而加速和扩大了中国近代体育的传播。下面从体育言论（具体见表20）来进一步探究报刊对中国近代体育的舆论引导。

表20　1915—1927年报刊体育言论标题选录

序号	发表时间	标题	报刊名称
1	1915年（第7卷第11期，第201－208页）	《体育之价值》	《教育杂志》
2	1916年（第6期，第1－2页）	《社会体育之弁言》	《南汇县教育会月刊》
3	1917年（第3卷第2期，第52－62页）	《体育之研究》	《新青年》
4	1917年（第4期，第1－6页）	《学校体育之研究》	《青年进步》
5	1919年（第19期，第19－21页）	《解释体育之真义》	《安徽教育月刊》
6	1920年（第22期，第24－25页）	《体育谈（续）》	《教育杂志》
7	1920年（第36期，第13－38页）	《新体育观》	《青年进步》
8	1921年（第13卷第4期，第1－8页）	《体育的真义》	《教育杂志》
9	1922年（第1卷第1期，第89－90页）	《体育目的》	《体育季刊》
10	1923年（第10期，第8页）	《言论：体育与人生》	《教育与人生》
11	1923年（第3卷第11期，第11－13页）	《体育略谈》	《南洋周刊》
12	1923年（第10卷第4期，第21－22页）	《体育问题发端》	《学生杂志》
13	1924年（创刊号，第109－117页）	《体育与人生》	《行健》
14	1924年（第2期，第18－22页）	《中国体育之异同》	《体育月报》
15	1924年（第3卷第4期，第26－33页）	《社会体育问题》	《体育与卫生》

续表

序号	发表时间	标题	报刊名称
16	1924 年（第 13 期，第 4－5 页）	《人生与体育》	《江苏省立第四中学校友会月刊》
17	1924 年（第 31 期，第 13 页）	《爱国观念之体育谈》	《教育与人生》
18	1924 年（第 31 期，第 13 页）	《运动会与中国语言文字》	《教育与人生》
19	1924 年（第 41 期，第 11－12 页）	《体育者的责任》	《教育与人生》
20	1924 年（第 77 期，第 39－41 页）	《体育与人生健康之关系》	《青年进步》
21	1925 年（第 1 卷第 5 期，第24－32 页）	《体育之起源及其真义》	《京师学务公报》
22	1925 年（第 1 卷第 8 期，第 7－13 页）	《体育与人生》	《南开周刊》
23	1925 年（第 3 卷第 1 期，第 1－3 页）	《国家主义与体育》	《金山县教育月刊》
24	1925 年（第 5 卷第 9 期，第 3－6 页）	《怎样去改革体育制度?》	《南洋周刊》
25	1925 年（第 81 期，第 45－48 页）	《体育与心才发展》	《青年进步》
26	1926 年（第 1 卷第 2 期，第71－72 页）	《评论：体育之价值》	《北市月刊》
27	1926 年（第 8 卷第 7 期，第 1－4 页）	《余之体育观》	《南洋周刊》
28	1926 年（第 144 期，第 3－4 页）	《民主精神与体育》	《厦大周刊》

3.4.2.1 争鸣与创新——民主与科学思潮下的中国近代体育传播

民主与科学是五四新文化运动高扬的两面旗帜，它由陈独秀在《新青年》上发表的《本志罪案之答辩书》中正式提出，其目的是追求民主思想和民主政治，提倡科学主义，向国人进行民主与科学的思想启蒙，进一步推动人的现代化。在这样的历史背景下，报人及新兴知识分子纷纷利用报刊传播民主与科学体育思想观念，开始对近代体育的重新认识和解读。

民主运动和体育运动到底有什么关系？1921 年创刊的《厦大周刊》刊发了由格雷博士在厦门大学的演讲稿《民主精神与体育》（叶培元翻译并整理）一文。作者认为，民主体现在两个层面：“一为以先觉觉后觉，负启迪来者之者，一为使通国人民同心戮力，一致行动”，想要陶铸民主精神，应当循序渐进。要使体育发展，“则当首定标准，标准既立，可使体育有发达”。至于民主之于体育的目的，“一为养成人格，一为保卫健康”。民主对于体育的贡献，也体现在两个层面，“一为合作精神，使全国之大，成为运动之场，士庶如云，尽是健儿身手；一为培养道德之观念，即假体育运动为道德运动之媒介，其提倡道德，造就公民资格”。但今日的中国，体育派别众多，莫衷一是，因此，对于中国今日的体育而言，首先，应当确立自己的价值标准，“即养成运动家之态度是也”，就是指做有道德的体育君子，对体育有天然的兴趣和爱好，而不是勉强参与体育。其次，要在全国大力提倡体育运动，遵守运动规则。作者认为，“运动之时，心怀好胜，乃人之常情，然必须出之以正当手段，遵守运动规则，不可妨人利己，见责于裁判员”。再次，应该养成贡献的精神，“奋往直前，终始如一，不可半途而退，贻诚观者”。在运动的时候，把坚持到底作为第一要义。最后，必须培养合作精神，顾全团体，“不斤斤以一己之利害为前提”，“至于选举领袖，尤当慎重，不因人多金而抡选，不因人势大而取谀，总以长德公正者堪应其任”。作者最后提出，要把这些精神应用于学校，这样就可“应用运动精神以为事，可行社会上之信仰”，“盖关于运动之人，在社会服务，必能愉快胜任也”。

科学是中国近代从西方引入的，从“中体西用”的“格致”到严复传播的“物竞天择，适者生存”的观点，无不反映出国人对近代西方科学的推崇，随着新文化运动对科学的传播和宣扬，各种科学观念融入中国近代体育的理论和实践等各个层面，通过报刊得以广泛传播。在民主和科学两面大旗之下，各种体育思想自由传播，各种体育学说百家争鸣，极大地促进了现代人的个性解放和体育科学文化事业的繁荣。知识分子通过报刊这个平台对体育真义、体育与人生等问题展开了广泛探讨，它包括对体育的概念、目的、价值的理解等，从而形成了广泛的社会舆论，推动了中国近代体育的传播和发展。

3.4.2.1.1 对体育真义、目的、价值的诠释

要了解体育的本质，就必须清楚什么是体育，了解体育的目的、功能、价值。处于重构阶段的报刊舆论对此展开了广泛的探讨，加深了人们对体育的认知和理解。

1919 年，《安徽教育月刊》刊发的《解释体育之真义》一文，作者

就明确指出："学校中设体操一科，为锻炼学生身体与精神，进求各科智识或技能，与修养公众道德起见，非若其他科学之得一智识或技能，为求来日谋立身之方也。"因此，体育的目的就是培养学生的精神，锻炼他们的体魄与灵魂。1921年作者慈心在《体育的真义》一文中阐述了偏重精神修养和肉体运动的弊病之后提出，"并重精神和肉体的发育为体育的真义所在"（《教育杂志》第13卷第4期）。有的学者则从体育的起源来阐述体育的真义，譬如，作者曾绍兴在《体育之起源及其真义》一文开篇就指出，"欲解释体育之意义，必先了解体育之起源及其在教育上所处之地位，然后解释体育者"，这样才能"不致跨一陷万，仅得其片面之真相也"。体育是根据生物学适者生存而起源，"盖生物之身体，随时代之变迁，及其生活上之需要，而渐次进化或退化者也。如人体之各部，日常用之无间，则其筋质必渐次发达，作用亦渐次灵敏；若久不应用，则其筋质必渐萎缩，作用亦渐迟钝"。作者认为，体育在教育中具有重要的地位，它是智育和德育修养的基础，"欲修养知识道德，必自修炼身体始"。以上两者确定了，那么体育的真义就明晰了，即"体育学者，教育之一端，根据自然的方法，加以学理之研究与改选，组织具体的合理的方案，积极的修炼身心，使其完全发育，消极的防卫身心，使其永葆健康之科学也"。

1923年，报人张有桢在《体育略谈》（《南洋周刊》第3卷第11期）一文中，从游戏、运动的差异论述了对体育和体育教育的理解，作者指出，"游戏是任意的，是无目的的，运动是进化的，是有目的的，未曾受过教育的人，只知游戏，不知各项运动，因他们不知道如何是实行，换言之，运动不但为有意义的、有目的的一种娱乐形式，并且使他们知道，无论何项事情，须有方法，有组织的教训"，而"体育教育比运动与游戏更为广泛、更有条理，游戏是适合于天然的或原始的本能，体育教育是锻炼身体，有最高效率，使身体各部分均得平衡的发展"，因此，"体育教育并非专于强壮身体一方的，是身与心两方的训练，既锻炼外部的体力，同时又须发展内部的智力"，即体育的真义就是强健身心。

1917年，青年毛泽东发表的《体育之研究》（《新青年》第3卷第2期）一文，以理性和科学的眼光，就体育的概念、目的、作用以及体育锻炼的原则和方法等问题发表了自己的看法。他认为"体育养乎吾生，乐乎吾心而已"，具有"强筋骨、增知识、调感情、强意志，使人身心并完”的作用，要达到体育锻炼的效果就必须自觉、有恒和有趣。国家要大力提倡体育，以达个人“养生”和于国家“卫国”的作用。当年恽代英在《青年进步》杂志第4册上所发表的《学校体育之研究》则认为学校体育的目的就是“保学生健康”，并对军国民体育和“选手体育”进行了无情的批判。

1922年，《体育季刊》刊发的《体育目的》一文，则详细阐述了体育的目的：一是健身，二是教育。健身目的包括健壮体魄、发展身体各部位之功用、增进康健率、修养身心、保存元气5个方面。教育目的包括发展全身神经适宜之应感（如灵敏、美感等），养成主观及客观之技能（从各种运动动作达到实际的功用），养成正式运动精神及运动知识（如注重规则、方法等），养成正意的被动性（如遵守训练、服从尊重法律等），养成自动性（如发扬进取奋斗精神）、养成侠义性（如诚实、公平、正直、合理、大量等），养成自尊、自信、自制、有魄力、有坚韧、有志向的能力，消除不良恶念及习惯，培养社会交际能力及社会思想性（如合群、友谊、团体、忠心），发达一种全国统一之精神与统一之意向。可以看出，作者对于体育健身和教育目的的概括涉及人的身心发展的各个方面，概括之全面不亚于当代之论述。

至于何谓体育价值，早在1915年，作者余尚义在《体育之价值》一文中就从人类文明发展的进程阐述了体育的价值，他认为研究体育必须与时俱进，“上古时代，物质变化未臻达，以游牧为生涯，终日习于劳动，故其体格强健发达，极形完备也”，所以体育及体育的价值未被当时的人提及，“厥后文明渐进，人智渐开，士农工商，各安其业，衣食无待外求，故其躯体之运动也较少。降至今日，文明愈进，智识愈增，工商业之制造，亦愈形发达，于是一切耕种，转运利用汽力、电力，进而至于地心吸力，而人之用脑甚，用力愈少，于是人之躯体将至无所劳动，而体力亦日就衰弱”，因此，“欲谋人类之生存，非具强毅之躯体，健全之精神不可”，这就是今时今日体育的价值所在。报人朱元善则认为体育的价值是“以有意的方法，直接增进身体之活力，间接增进精神之活力”，这样的体育才是体育。陶佐治对体育价值的理解则又提升了一个层次，他在《体育与心才发展》一文中认为，体育为发生美丽、善意和真理的源泉，它能使知觉、思想和行动都受它支配。

仁者见仁，智者见智。近代报人和专家学者等知识分子，在民主和科学观的指导下，围绕体育的基本问题，以自由开放的心态传扬着他们对体育的认知、理解与思考，其中既有实用主义的体育观，也包含自然体育思想，虽然表达不一，但对于体育的真义——强健身心和体育的健身、教育、娱乐功能的理解基本一致，这些闪耀着思想火花的真知灼见影响着近代和现代国人对于体育的认知和理解，为中国体育近代化奠定了坚实的理论基础。

3.4.2.1.2 对体育与人生和社会体育问题的思考

民国初年，国人希望能够改造和治理国家，于是各种观点频现，所以报刊政论、时评、杂文等言论大都围绕政治而展开。新文化运动之后，尤其是第一次世界大战之后，国人开始渐渐了然人生的意义，知道人的命运不可以等待，于是纷纷探求根本解决的方法。故而讨论社会、人生问题的报刊，一时风起云涌。

在体育领域，有关体育与人生和社会体育问题的言论也纷纷见诸报端，引起了广泛的社会舆论。

就体育与人生的关系而言，众多知识分子表达了自己的观点。1924 年，作者邵根元在《人生与体育》一文中指出，“体育者，包括教育德育智育及一切生理卫生，其范围是很广，简而言之，体育者依据天然方法，直接以发育吾人身心，间接为增进吾人之智识与道德之科学也，换一句说：即造成人的新教育是也”，由此可知，体育是人生当中很高贵且具有重大价值的一件东西，要在人生当中达到体育的目的，就必须“日日不辍和及时锻炼”，“扫除一切嗜欲”，“当心衣食住和生理卫生”，遵守运动规则，不要过度运动，譬如，“运动后必致气喘汗流，故须有充分的休息，及沐浴，深呼吸等。再有一层，现在欢喜运动的诸君，恐怕也不注意，就是运动觉吃力后，不可即行坐卧，因为人体经大运动后，血液流得异常的快，倘使就去坐卧，你想那身体伤呢不伤呢？所以运动之后，须去散步呼吸，使身体精神复原几好”，这样才能达到强身健体的目的，这才是真正的体育生活。1924 年的《行健》创刊号所刊发的《体育与人生》也表达了类似的观点，作者认为，体育与人生有密切的关系，而运动在文明社会里尤有注重的必要，并且是终身不可间断的。在谈到体育与人生的关系时，作者李飞云认为，“精力实为体育之指南，体育为人生之甲胄”。我国正处于体育的萌芽期，很多人还不知道体育对于人生的重要，“人之富贵在天，殊不知人生寿命，实操诸吾人之手，视乎对于卫生与体育，能否注意。夫所谓寿命者，非独有长久之生活，并须有强健之体魄焉”。作者还从国家发展的角度谈到了体育对人生的重要性，如今国事多艰，外侮频来，国人应“深入望吾国人士，群晓体育与人生之关系，而提倡体育，造就勇武少年，以巩固国基”。这样才能“为社会做事业，为同群谋幸福”。发表于《申报·教育与人生周刊》中的《体育与人生》一文，通过对体育功能的剖析，深入浅出地论述了体育对于人生的重大意义。从身体强健的角度看，“身体强健，精神活泼，则思想自然精密，做事自然奋发，而事无不成，理无不达者矣。事成理达，于己于人，均得裨益，而吾之人生观，无不有感愉快者矣。而所以使身体强健精神活泼者，体育是也”。从精神的角度看，“吾人无论做何事业，莫不需用精神，即莫不需用体魄，是以欲解决一切之人生观，而使归于美满，自当以注意体育为第一要义”。

由于我国近代体育在五四时期还处于初步发展的阶段，因此，在社会体育认知和体育教育中还存在各种各样的社会问题。1916 年，作者祝平在《社会体育之弁言》中就提出，在“世变孔亟”的今日，亡羊补牢已不能改变“弱种祸国”的局面，应大力发展社会体育，在城市设立体育传习所，以培养地方公共体育场的指导人才，即类似于今天的社会体育指导员。为此，北洋政府教育部于 1919 年公布《推广体育计划案》，这份计划案中提到，虽然各地学校逐渐知道提倡体育，但社会心理积重难返，社会体育还远未普及，问题诸多，应有组织、有计划地推行社会体育。1924 年，中国近代体育发展的先驱之一、实用主义者郝更生在《体育与卫生》上发表了《社会体育问题》一文，直面当今社会体育推广中所存在的主要问题，一是环境上的问题；二是组织上的种种困难。就环境问题而言，一方面是由于我国正处于新旧文化不融洽的时代，社会环境非常复杂，在社会改造上呈现混乱的趋向，所以提倡社会体育的困难就更难。这是因为“体育作为一种新科学，在我国的历史还很短，普通人尚无了解体育真理的机会”，在这个阶段，作为体育专业人士，应当将在经验中所发现的种种社会体育问题，拿出来共同探讨，以期将来有补救的方法及发展的程序。另一方面则是社会上大多数人对于体育有不明了的心理，“勤有功，戏无益”的教训印入我们祖宗的意念中太久，现在虽然放开了一点，但还是觉得游戏是一件无价值的事。这里既有历史上体育消极趋势的原因，也有借“体育”为幌子行赌博、乞怜所造成的不利社会影响，加之体育界的很多人不具备引导他人了解体育的真能力，不能为体育真理做适当的宣传。以上种种是造成社会上对于体育有不完美心理的大原因，这些原因的造成本不是一朝一夕的事，所以要改造它也断不是一朝一夕就能成功的。二是发展社会体育时，组织上的种种困难。第一，社会中人，所喜悦的游戏或运动太少；第二，加入游戏运动的人数太少；第三，普通人相信体育含有贵族教育的性质；第四，经济上不易维持等其他问题。这些社会体育问题，不是十分难，也不是十分容易，所以普及社会体育还有很长的路要走。

报刊对体育与人生和社会体育问题的探讨，一方面是为了传播体育科学知识，改变国人对于体育认知的不正确思维，知晓体育于人生和国家发展的重要性。另一方面也是为了敦促政府和社会关注体育，创造良好的社会环境，采取有效措施推广社会体育，使体育由学校真正走向社会，为大众服务。

在民主与科学思潮的影响下，通过报刊对体育的真义、目的、价值，体育与人生和社会体育问题的广泛宣扬与传播，使人们开始认识到了体育的人文精神价值，体育健身、教育、娱乐、竞技等价值观念逐渐被大众所接受。

3.4.2.2 传承与批判——中国近代民族传统体育的传播

自洋务运动始，西方近代体育在“自觉”和“不自觉”中逐渐传入中国，在这一过程中，中国传统体育受到了一定程度的冲击。新文化运动前，无论是官报还是民报抑或民营商业性报刊，对于传统体育的报道都甚少，相关言论更是少见。五四时期是西方近代体育传入中国的早期发展时期，在各种思想学说风起云涌之际，西方近代体育在国内的传播与土生土长的传统体育开始有了正面的交锋，如何对待几千年传承的传统体育文化，传统体育的鼓吹者从固有传统体育文化观念和伦理价值的角度出发进行宣扬，国粹主义体育思想由此产生，以武术为主的传统体育得以广泛传播。有国粹派借提倡“新武术”和“静坐”抵制新文化运动，抵制西方近代体育在中国的发展，由此，传承与批判的观点激烈碰撞，在当时的报刊言论中也得以充分体现，引起了广泛的社会舆论。下面通过表21摘录的部分言论管窥一二。

表 21 1915—1927 年报刊有关中国传统体育言论标题选录

序号	发表时间	标题	报刊名称
1	1917 年（第 4 卷第 1 期，第130 - 131 页）	《静坐浅说》	《学生杂志》
2	1918 年（第 5 卷第 4 期，第106 - 113 页）	《随感录：三十三》	《新青年》
3	1918 年（第 5 卷第 5 期，第82 - 87 页）	《随感录：三十七》	《新青年》
4	1919 年（第 6 卷第 2 期，第138 - 141 页）	《拳术与拳匪》	《新青年》
5	1919 年（第 6 卷第 2 期，第138 - 141 页）	《驳〈新青年〉五卷五号〈随感录：三十七〉》	《新青年》
6	1921 年（第 1 卷第 1 期，第 3 - 4 页）	《武术会前途之关系》	《武术》
7	1921 年（第 1 卷第 2 期，第 1 - 4 页）	《武术底体育的价值》	《武术》
8	1921 年（第 1 卷第 2 期，第 4 - 5 页）	《我之武术观》	《武术》
9	1924 年（第 11 期，第 27 - 28 页）	《余之体育观》	《体育丛刊》
10	1925 年（第 4 期，第 1 - 2 页）	《新武化运动发端一》	《晨报副刊：新少年旬刊》
11	1925 年（第 5 期，第 1 - 3 页）	《新武化运动发端二》	《晨报副刊：新少年旬刊》
12	1925 年（第 5 期，第 3 - 6 页）	《“新武化运动”与“中国武术”》	《晨报副刊：新少年旬刊》
13	1925 年（第 7 期，第 3 - 6 页）	《武术的真意义》	《晨报副刊：新少年旬刊》
14	1926 年（第 52 期，第 15 - 17 页）	《武术之研究》	《精武》

中西体育文化之争早在新文化运动之初就已被体育界有识之士提出，1915 年，徐一冰在《体育周报》上撰文指出，各国体育有各国的特长，因风俗习惯不同，未必都适合中国人，发展我国体育也应从实际出发，注重国情。有人甚至认为中国传统体育相比于西方近代体育，优点良多。这些认识和观点为之后的中西体育之争埋下了伏笔。1914 年，中国近代气功养生家蒋维乔所写的《因是子静坐法》出版，之后几年静坐法风行全国，静坐成了当时国民的普遍趋向并得到大力提倡。杨贤

江（中国早期优秀马克思主义教育理论家）对静坐也颇为欣赏，他曾在《学生杂志》上撰文《静坐浅说》，认为“静坐是以极简单之法为心身改造之根本也”。由于国人最初一味迎合，对其消极影响并未加以思考，在一定程度上阻碍了近代体育在中国的传播。1917 年，毛泽东在《体育之研究》一文中首先发难，他认为，提倡者“言静坐法，自诩其法之神，而鄙运动者之自损身体，是或一道，然予未敢效之也”。1918 年，鲁迅署名“唐俟”在《新青年》上发表《随感录：三十三》，给予了正面的迎击，他说现在有一班喜欢讲鬼话的人，他们最恨科学，把它当成自己的对头，于是想尽办法要排除它，其中最巧妙的就是捣乱，先把科学东拉西扯，融进鬼话，使它是非不明，以至于科学也沾上了娇气。譬如，一位大官（实指蒋维乔，当时任北洋政府教育部参事）做的卫生哲学里就说“吾人初生之一点，实自脐始，故人之根本在脐……故脐下腹部最为重要，道书所以称之曰丹田”，这实际上是批判它的非科学性，之后鲁迅又批判了他的“精神至上论”，而所谓的“六通”“神童”更是伪科学。

北洋政府对马良“中华新武术”的提倡及大造反科学与民主新思想的言论则成为“土洋体育”之争的导火索。当时的北洋政府以保留“国粹”的名义反对新文化运动，利用山西陆军学堂教官马良编制的“中华新武术”来抵制西方近代体育项目的传播，并把它定为学界必学的“中国式体操”，这些举动遭到了鲁迅等新文化先驱的强烈抨击。1918 年，《新青年》刊发了鲁迅的《随感录：三十五》～《随感录：二十八》，在《随感录：三十五》中，鲁迅首先对“国粹”一说加以了批判，他说：“从清朝末年，直到现在，常常听人说‘保存国粹’这一句话”，国粹虽是一国独有的，但未必都是好的，就如一个人脸上长了瘤或者疮，那确是与众不同，但这样的“粹”还是割了好，所以“要我们保存国粹，也是必须国粹能保存我们”。随后，鲁迅在《随感录：三十七》中对马良等提倡的新武术进行了直接批判，他指出，现在马良等教育家竭力提倡打拳，把“‘九天玄女传与轩辕黄帝，轩辕黄帝传与尼姑’的老方法，改称‘新武术’，又是‘中国式体操’，叫青年去练习”，并把它用在体育和军事上，用于体育上无非是想复古，而用于军事上则是笑谈，“现在打仗总用枪炮，枪炮这件东西，中国虽然‘古时也有过’，可是此刻没有了。藤牌操法，又不练习，怎能御得枪炮”。因此，把“中华新武术”作为“国粹”宣扬，明显带有“鬼道”精神，它的实质就是阻止西方近代体育在中国的传播。

针对鲁迅的批判，粤人陈铁生在《新青年》上发表了《驳〈新青年〉五卷五号〈随感录：三十七〉》一文，认为鲁迅把拳匪与技击混为一谈，声称义和团是鬼道主义，而技击家是人道主义。文中引用教育家蔡元培“外国的柔软体操可废，而拳术必不可废”的话语，并结合自身练拳术的好处来说明其强健身心的功效。作者最后针锋相对地指出，枪炮固然重要，但若打仗打到冲锋，就必须用拳匪的法术了，就是陆军当中的枪剑术也逃不出技击术的范围。鲁迅在其文后给予了答复，指出他所批评的是政府提倡“中国新武术”这种社会现象，并无针对某个拳术家而言，而军队练习枪剑术是否是中国技击范围则不得而知，不过不必强求小学和普通中学都来练习。对于中国拳术，把它作为一种特别技艺自我练习无可厚非，他所反对的是“（一）教育家都当作时髦东西，大有中国人非此不可之概；（二）鼓吹的人，多带着‘鬼道’精神，极有危险的预兆”。由此可知，鲁迅并非反对武术和拳术，只是不能一味地宣传和学习，并借此排斥外来的先进体育文化。在中国提倡和发展西方近代体育，不仅有振奋民族精神的意义，更承载着培养百折不挠、争强好胜民族个性的社会价值。鲁迅等进步知识分子反对利用“静坐”和“新武术”以提倡“国粹”的斗争，不但有利于新文化的宣扬，也推动了西方近代体育在中国的传播。

除了争论和批判之外，更多的知识分子是在积极地弘扬以武术为主的中国传统体育文化，尤其是在五四时期的后半段，很多武术家及武术爱好者开始了对中国传统体育的再认识。作者杨莹在《我之武术观》一文中就认为，武术救国，“固与新文化并重也”。“新武化运动”的推崇者万簌声在《“新武化运动”与“中国武术”》一文中也声称，写这篇文章，“既非诋新文化为不当，亦非将新文化而为武术化，余以为德、智、体育三育，均应并重”。其目的是让国人了解武术的重要性。他认为我国武术极其精深，“小之防身护己，强筋壮骨，大之临敌冲锋，为国效命。其能使懦夫强，怯者立”，“正能养坚韧卓绝之精神，雄伟侠男之肝胆”，如果国人均能重视武技，身健体壮，“愚昧不独国家之幸，抑亦个人终身之幸也”。

“新武化运动”是由丘汉兴发起的，1925 年，《晨报副刊：新少年旬刊》第 4 期和第 5 期连续刊载他写的《新武化运动发端》，作者认为西洋文明是武化的文明，东洋文明是文化的文明。武化的文明是向上的、生机勃勃的，而文化的文明是堕落的、死气沉沉的。中国的文明是东洋文明的代表，中国要从懦弱不振中爬升起来，就必须提倡鼓吹武化的、壮烈的文明。“新武化运动”的目标就是要铲除中国萎靡怯懦的病根，强身健神，救国保种。要达到这一目标，就必须采取复兴中国武术、奖励武侠精壮之士、发展军事教育等措施。丘汉兴的“新武化运动”提出后，引起了国人对于中华武术传承的广泛讨论，《晨报副刊：新少年旬刊》还专门就此于万籁声《“新武化运动”与“中国武术”》一文前向读者发出邀约，希望大家参与讨论研究，并提出了三点注意的地方，其中就提到“本刊发表的新武化运动居然引起了国人的注意，借此可以明白‘新武化运动’与‘中国武术’对于国家及个人关系的重要”。在之后的很长一段时间里，“新武化”思想得到众多学者的关注，推动了国人对武术的传播，并直接影响到 1932 年南京国民政府制订的《国民体育实施方案》。

1926 年，项翔高在《精武》杂志上刊发《武术之研究》一文，认为“武术是体育的一部分，体育是教育的一部分，因此，武术是要从古代扑斗的方法中得到一条通路，使我人永远受着影响，无论心思品行及身体都可得到相当的好处，以完成教育一部分的价值”，第一次对武术的定义进行了界定，并依此提出，今天所提倡的武术应是经现代科学证明，有增进人类身体技能和道德价值的。其目的可分为健身与教育两方面，健身的目的包括强身健体、发展体力、加盛元气和治疗疾病等。教育的目的有：发达脑部的各种联合脑丝；养成奋斗、勇敢、沉着、忍耐、机敏、快活等积极的精神；发展观察、想象、注意、思考等能力；养成自尊、自制、谦让、大度、恒心、正直、慷慨等德性；养成重视及爱护身体的思想；养成防卫生命的技能和习惯。从中可以看出，作者已经把武术的目的和功能与西方近代体育的价值联系在一起了，这种观念的传播有利于东西体育文化的交流。

随着各类报刊尤其是专业体育报刊，如《武术》《精武》《体育丛刊》《拳务》《体育》等，对中国传统体育知识、技能的传播，五四时期的中国传统体育文化不断得到挖掘、整理和改造，有的民族传统体育项目甚至仿照西方近代体育形式开展竞赛活动，如 1923 年长沙举办的“风筝运动会”，各类民族传统体育书籍及教材也大量出版，以武术为主的中国传统体育在重构阶段得到了广泛的宣传和弘扬。

综上所述，五四时期，伴随西方近代体育传播的深入和对传统体育文化的反省，不断寻求真理的一部分爱国志士试图从中华数千年的历史文明中探求复兴之路，于是，以武术为主的中国传统体育被奉为“国粹”进入了公共领域，在对它重视审视和再认识的过程，传承与批判成了为报刊舆论争锋的两端，不同观点的碰撞，对体育文化不同观念的交锋，在民主、自由、开放的舆论环境中得以充分体现。虽然有些观点和见解具有明显的片面性，甚至肤浅和偏颇，但总体上是正面的、积极的，是民族自豪感和民族自信心的体现。就中国近代体育的发展过程而言，也是不可避免的。通过辩驳和广泛的传播，人们对中国传统体育有了新的认识，也使国人对体育目的、价值、功能的理解越来越明晰，而不同体育文化观念在辩驳中碰撞，为西方近代体育在中国的适应发展，为中国近代体育的逐渐成熟创造了良好的条件。

3.4.3 小　结

综合以上的描述和分析可知：

第一，新文化运动的先哲们通过报刊所传播的民主与科学思想，成为中国近代体育走向初步现代化的思想源流，引导着人们从文化的视角不断探索适合中国的体育发展之路。五四时期，束缚着知识分子的封建伦理道德被解除，这极大地激发了他们的个人意识和追求客观真理的愿望，面对外强凌辱更是鞭策着他们用更科学、更理性的方式去思考与体育相关的现实问题。他们借助报刊设置议程，引导舆论，从对体育的诠释到对体育与人生的探讨，从体育教育到体育竞技、休闲娱乐，从强健体魄到体育救国，一步步引导着近代中国人形成正确的体育观念和体育价值观，推动中国体育近代化历史演进的步伐。

第二，重构阶段的体育成为公共领域的社会话题，报刊舆论以多元的话语方式推动中国近代体育走向初步现代化。此时报刊已摒弃彼此的界限，各种不同属性、不同性质、不同思潮的报刊以自由、开放的心态传播体育知识，介绍西方竞技体育项目，诠释体育的真义、目的和价值，探求体育与人生的真谛。同时，随着西方先进理论尤其是杜威的实用主义、卢梭等的自然主义教育思想在中国的广泛传播，自然主义体育思想、实用主义体育思想，加之文化民族主义语境中的国粹主义体育思想等通过报刊宣传，形成了百家争鸣的新文化景象，虽然彼此的思想和观念存在着差异，但是他们最终想要达到的目标是一致的，即希望通过体育使国民身心健康，使国家摆脱困境，自立富强。他们以各自的传播方式对中国近代体育产生着影响，实用主义和自然主义体育思想促进了我国近代学校体育理论和实践的发展，军国民主义思潮尤其是国粹文化思潮加快了我国对民族传统体育的挖掘、整理与改造，各种武术机构和组织纷纷组建，民主与科学思潮不但促进了国民体育价值观念的变化，也促进了体育基础学科理论的发展和学校体育的重大变化。

第三，五四时期，专家学者型精英和以言论为职业或事业的知识精英通过大众传播媒介——报刊继续扮演着引导舆论的角色。各类社会精英开始对中国近代体育发展道路不断探索和求证，传播现代体育文化。随着传播广度和深度的拓展，越来越多的普通民众开始关注体育、参与体育运动，在思想上也越来越认同现代体育，从而全方位推动着中国体育近代化的进程。与前一阶段相比，五四时期的知识分子大多有留学日本或欧美的经历，接受了比较完整的西方文化教育，是开创现代中国新知识范型的一代人。他们冲破了“学而优则仕”的传统，许多人从事教育、新闻、作家等以言论为主的独立职业。因此，这一阶段知识分子的思想更加开放，言论更为理性，他们以自信和批判的眼光审视西方近代体育，以科学的态度汲取西方体育精华，这些新思想和新观念不仅影响了国人对体育的认知和态度，也改变了国人的体育行为，这一阶段各类民间竞赛和运动会的普遍开展，就是普通民众参与体育的行为见证。

一言以蔽之，五四时期，新文化运动所倡导的民主与科学思潮通过蓬勃发展的大众传播媒介——报刊得以广泛传播，知识精英们以更理性、更科学的态度去思考各种体育问题，引导社会舆论，引领近代国人在体育观念上的转变，即由强国强种逐渐转向健身、娱乐、竞技的观念。探寻体育本质，重新定义和认知体育，在这一过程中，国人以批判的眼光审视西方近代体育，在新旧体育之争中，中国民族传统体育也开始得以挖掘、整理和改造，使中国近代体育在开放和自信的心态中逐步走向成熟。

4　媒介舆论与中国体育近代化历史变迁解读

历史不是被意识形态控制与极度简化和粗暴的历史叙述，从后现代的视角看，它是被打破了的镜子，每一块碎裂的玻璃只能折射出历史的某个片段或侧面，我们需要做的是只能将各块碎片根据自己的理解进行组合。从媒介舆论的角度观照中国体育近代化历史变迁，这一碎片看似单一，其实涵盖了当时的种种社会因素。叙述与分析肯定不是历史研究的最终目标，借由历史记忆而试图寻求历史规律，以及在此基础上构建更深刻的价值共识和情感共同体才是我们的目的。

中国近代体育传播方式的变迁始终围绕着近代中国救亡图存的中心任务和媒介的演变而展开，从历史变迁的长远视角看，外报无意识不自觉中的自觉体育文化传播与国人从无意识到有意识的体育文化觉醒，其中皆蕴含着为达到某种传播效果，不同媒介所设置的种种体育文化传播议程。在这一过程中，由各类精英所主导的精英文化在近代体育传播中发挥了主导作用。可以说，中国近代体育话语尤其是精英体育话语深刻地影响着当时的社会舆论，思想家精英们抨击陈旧文化模式，打开国人眼界，改造既有体育文化心理结构，唤起近代体育文化觉醒，从而为中国体育近代化的发生与纵深发展，吹响了号角。政治精英们则进一步推动了中国近代体育从初露熹微到无可阻挡地向前推进。后期的知识精英们不但为中国体育近代化持续呐喊，并开启了中国体育文化启蒙之路。鉴于此，笔者尝试着从体育话语、议程设置、传播方式、舆论引导主体嬗变的角度来解读媒介舆论与中国体育近代化历史变迁。

4.1 体育话语的演变：技术主导—精神诉求—文化启蒙的“身体话语”

从“身体”的视角思考体育原理层面的问题成为近20年来体育研究的一个新动向，其目的在于运用身体理论揭示处于历史结构限制与国家需求附加下的现代中国体育话语的生成状态。就本研究而言，笔者认为，中国近代体育话语经历了技术主导—精神诉求—文化启蒙的“身体话语”演变路径。

鸦片战争后，中华民族面临着数千年未有之大变局，面对民族危机，一批先进的地主阶级政治家、思想家和学者，开始睁眼看世界，提出了“师夷长技以制夷”的口号，主张效法西方，走近代化之路。这一想法被洋务派付诸实践，他们在“中体西用”的思想指导下，以西洋兵操编练新式军队，在军事学堂和新式军队中传播“体育”，提高军人身体素质，使“体育”成为强兵御侮的技术手段和工具，并首次将“体育”与国家的前途和命运结合在一起，形成了近代中国人最初的体育强兵的观念和意识。

甲午战争后，中华民族的危机空前严重，中国人民挽救民族危亡的运动热情高涨，面对清末此种现状，思想家精英从“身体”的视角审视和思考国家与民族的前途和命运，以身体话语表达着对未来民族国家的整体想象与精神诉求。就身体的象征性符号意义而言，身体话语主要体现在身体的隐喻与身体的再造这两个层面。身体的隐喻就是使“身体符码成为民族国家的喻体，并承载着国民对于民族国家未来的期待与想象；而身体再造强调的是对于身体国家化的意想，体现出对于中华民族自身问题的强烈反思与审视”。从严复对中国形象“病夫”喻说而提出“鼓民力”之举，到梁启超“新民说”中的“尚武论”，再到军国民主义者直接倡导对国民身体的改造，以国民身体为直接载体的话语成为思想精英表达救亡图存的象征符，它不仅承载着对未来民族国家的想象，也使得体育成为民族主义旗帜下国民启蒙和改造的介质，“身体国家化”的隐喻和意想在民族危亡的历史语境中通过精英主导的媒介舆论演变成公共体育话语，引导中国近代体育由军队开始走向学校、走向社会。在具体的实践过程中，也暗含着诸多反传统文化的身体话语支流，譬如妇女体育的兴起和发展等。

晚清开辟的以民族主义话语为主的身体话语为五四时期个性解放思潮中的身体话语打开了一道闸门，他们呼唤自然的生命力和原始的蛮性，从毛泽东《体育之研究》中“文明其精神，野蛮其体魄”，到民主之于体育的目的“养成人格，保卫健康”的表述，都是从身体的角度解读体育。同时，在民主与科学的舆论引导下，知识精英以民主、自由的观点探讨体育的人文精神价值，但他们对体育的关注，无论是从生理、心理，还是从道德方面入手，大多把体育的关注点聚焦于个人的身体活动上，从发育身心到增进知识与道德，都是围绕造就新身体，都必须以身体健康为根基。这些新思想和新观念开启了中国现代体育文化启蒙之路。

可以看出，晚清以降的历史语境，使身体被赋予“国家化”的象征意义，成为一个备受关注的政治问题。洋务时期，思想家精英通过传统的著书立说和上书言事的形式，形成体育强兵的社会舆论，政治精英则借此契机把身体作为强兵御侮的技术手段使之付诸实践，体育话语通过身体隐喻得以初显，中国体育由传统向近代转变，开始体育近代化历程。甲午战争之后，民族危亡加剧，主张维新和革命的精英把“身体国家化”的舆论发挥到极致，从“尚力”到“贵武”再到“军国民”，无一不是借助身体话语表达强国强种之愿望，在身体被过度阐释中体育话语得以生成，中国近代体育由军队走向学校，由学校向社会传播，将近代中国体育开始引向了全社会。五四时期，知识精英从人本主义立场出发，运用民主、科学的观点探讨体育问题，把身体话语融入生理、心理等科学轨道，引导国人从体育的本质去认识体育，从而开启了真正的体育文化启蒙之路。

4.2 议程设置的嬗变：兵操—“尚力、贵武”—学校体育—“社会”体育

议程设置是大众传播媒介影响社会的重要方式，它通过提供信息和安排相关的议题来有效地影响人们关注哪些事实和意见及他们谈论议题的先后顺序，从而改变人们认知层面的效果，在一定程度上能够引导社会舆论。“‘议程设置功能’理论所考察的，不是某家媒介某次报道活

动产生的短期效果，而是作为整体的大众传播具有较长时间跨度的一系列报道活动所产生的中长期的、综合的、宏观的社会效果。”因此，从议程设置的角度来考察媒介舆论与中国体育近代化具有理论的指导性。在近代中国，报刊是人们获悉公共事务的主要来源，从报刊文本所提供的信息可以发现，近代媒介所设置的体育议程经历了从最初洋务时期的西洋兵操到维新时期的“尚力、贵武”，再到清末对学校体育教育的关注，五四时期的报刊则把体育作为社会公共议题，使国人逐步认识到体育的竞技、娱乐、健身功能和人文价值。

甲午战争之前的近代中国，国人自办报刊数量有限，近代化程度也不高，仍处于摆脱外国势力对传媒控制、争取言论自由的阶段，故而对社会舆论的影响有限。这一阶段媒介舆论主要被外资控制下的教会报刊和商业报刊所操控，他们以士绅阶层为主要读者，传播西方文化和强国利民之法。洋务运动在内忧外患及外报西学舆论影响下应运而生，在这种历史语境下，被赋予强国强种之重任的“夷之长技”——西洋兵操被洋务派引进到湘军、淮军、新军等新式军队中，随后又在创办的军事学堂中作为“体育训练”被推广，由此产生了中国最初的体育观念。这一阶段外人所办报刊迎合了当时士绅精英的需求，把兵操作为“体育”报道中的重要议程。虽然洋务派是以强兵为目的而接受西方近代体育的，带有浓厚的军事烙印，对西洋兵操也仅限于一种粗浅的认识，但它却开启了中国体育近代化之路，并影响了后来体育的发展。

甲午战争惨败的残酷现实迫使先知先觉的人们进一步探求救国救民之路，传统的宗法纲常观念被彻底怀疑，进化论等西方先进学说开始为最早的知识人——维新派所接受，他们通过大量的自办报刊开始探讨中国“人”的问题，从严复的“鼓民力、开民智、兴民德”到梁启超首倡“新民”，大力“尚武”以自强及改造国民的军国民主义，这些议题成为清末国人自办报刊议程设置的主流，维新者通过政论和时评的方式批判“重文轻武”的思想，主张通过“体育”实现强国强种的目的。由于这一阶段的报刊所传播的体育观念是国家民族利益上的强国强种思维，是对西方近代体育的理性认知，加之这一时期的报刊大多是政论性报刊，其刊载的内容不是以新闻为主，而是以宣传政见和思想观念为主，所以观点集中，易于产生强大的传播效果，从而极大地推动了我国近代体育的兴起与发展。学校体育和女子体育在清末的发展与这一时期报刊议程设置所产生的传播效果相连，因为强国强种与教育和女子这两个因素密切相关。其向教育领域的延伸，直接导致了近代中国学校体育的产生，而女子体育也大多是在学堂中开展。围绕学校体育问题，清末最后几年，无论是官报还是民报都把它作为重要的社会议题加以关注，使之开始成为公共话题，并以报章代言的方式于反省和批判中引导公众舆论，推动了中国近代体育的可持续发展。

随着渐渐褪去革命激情和色彩的体育慢慢融入寻常百姓的日常生活，体育话题在五四时期开放、自由的历史语境下，形成了中国近代体育传播百家争鸣的新文化景象，各种现代体育报道越来越丰富，各种体育观念和体育观点见诸报端，体育的独立性特征凸显。同时，白话文运动又进一步推动了传媒大众化和体育文化大众化，因此，围绕着体育与人的社会生活相关的体育本质、体育价值、体育功能、体育与人生的探讨成为这一阶段报刊体育报道的主要议程，从而逐渐摆脱了过去从强国强种、救亡图存的社会功能上去定义和解读体育，人们开始从竞技、健身、娱乐的角度去理解和认识西方近代体育，去体会和感悟体育的真正乐趣，重新建构中国人的体育价值观念，开启体育文化启蒙之路，真正推动中国近代体育走向初步现代化。

4.3 传播方式的变迁："不自觉"—"自觉"两种不同方式的呈现

与西方体育传播路径不同的是，中国近代体育传播是从军队走向学校，由学校走向社会，在其变迁的过程中，呈现出从"不自觉"到"自觉"两种不同的传播方式，即国人迫于现实的"不自觉"传播与自我意识觉醒的"自觉"行为和外报无意识的"不自觉"传播与有目的的"自觉"文化传播，它们彼此交融，共同推进着中国体育近代化历程。

中国人自19世纪60年代洋务运动开始主动接触和引进西方近代体育，并不是一种自觉的主动行为，它是迫于历史现实，在强兵御侮的要求下进行的，是外力作用下的"不自觉"传播。鸦片战争使中国沦为半殖民地半封建社会，传统的"华夏中心观"被打破，面对日益严重的民族危机，一部分进步的地主阶级思想家通过著书立说和上书言事的方式提出了“师夷长技以制夷”的主张，之后洋务派在“中体西用”的思想指导下，于军队和学堂中引进以洋操、洋枪、洋炮为主要训练内容的西洋兵操，使之在军队中得以传播。甲午战争后，维新派利用国人自办报刊高潮所形成的强大的强国强种舆论，使西洋兵操被逐渐引进学校，并于1904年施行的“癸卯学制”中被确认。在这一过程中，体育被赋予强国强种、救国救亡的社会功能，具有强烈的政治色彩。因此，从一开始，中国近代体育就偏离了体育健身、娱乐、竞技的本源功能，是在国家意识主导下的、无奈的“不自觉”传播行为，而且这种带有偏差的体育价值观念在清末思想家精英和知识精英利用报刊所形成的舆论影响下被放大，因为这些“先进的知识分子虽然摆脱了‘家庭’的束缚，却仍然自觉地将人的个体附属、服从以致消融于以‘国家’形态表现出来的‘群体’（‘类’）之中”。这种状况直到五四新文化运动时期才逐渐被打破，这一时期人所具有的个体自由意识与主体意识被提倡，它充分肯定了人的个体价值，个体不再消融在社会、国家、民族等“类”之中，他们呼唤自然的生命力和原始的兽性。这是近代中国人自我意识的觉醒，在这些新文化观念的启蒙下，知识精英利用蓬勃发展的各类报刊“自觉”地传播体育新思想、新观念，用科学的态度思考体育问题，使国人逐渐认识到体育的真义和本质，改变了强国强种的体育观念，转而逐渐树立健身、娱乐、竞技的体育观念，使中国体育近代化开始沿着体育的正确方向发展。

中国新闻传播在近代经历了一个特殊时期，即外国人在华办报的垄断时期，外报的创办者们的主要目的是向中国输出他们的宗教学说、思想观念，西方近代体育作为格致类科技知识被外报所传播，很显然是一种“自觉”的带有文化侵略性的体育文化传播。同时，随着殖民侵略的深入，越来越多的外国人涌入了中国，他们把西方近代体育项目也带到了中国，其目的是满足他们现实的娱乐需求，但他们却在“不自觉”中传播了西方近代体育，尤其是随着报刊的广泛传播，使越来越多的国人开始了解西方近代体育。两者的交融，在“自觉”和“不自觉”中不仅拓展了当时国人的眼界，而且起到了体育科学启蒙的作用。正如马克思所说：“行动的目的是预期的，但行动产生的结果并不是预期的，或者这种结果起初似乎还和预期的目的相符合，而到了最后却完全不是预期的结果。”因此可以说，外国人在华创办的报刊对体育的传播，是在特殊的历史条件下“充当了历史的不自觉的体育文化传播工具”，它助推了中国近代体育于“自觉”和“不自觉”中走向初步现代化。

由此可见，中国体育近代化在一定程度上是在报刊舆论的引导下，国人迫于现实的“不自觉”传播与自我意识觉醒的“自觉”行为和外报无意识的“不自觉”传播与有目的的“自觉”文化传播两种不同传播方式交互融合，共同推进的结果。

4.4 舆论引导主体的变化：士绅精英—思想家精英—知识精英

中国近代是一个充满屈辱与苦难、奋斗与牺牲的历史大转折时代，在这样的一个时代，以精英人物为主角的历史话剧曾经一幕幕地上演，中国体育在走向近代化的过程中也深深地被烙上了各类精英历史活动的印迹。他们顺应历史、把握时代契机，在客观现实条件许可的范围内，充分利用大众传播媒介，倡导公共体育话语，引导社会舆论，且近代中国精英话语与早期大众媒介一样显露出理性化的特征，从而能深刻地影响中国近代体育走向初步现代化的历程。纵观 4 个历史阶段舆论引导主体的演变，其经历了士绅精英—思想家精英—知识精英的变化轨迹，由于舆论具有广泛性与复杂性等特点，因此这一轨迹展现的只是一个大致的方向，在某一历史阶段可能会呈现多个主体共同引导舆论，推动中国近代体育发展的局面。

在萌芽阶段，士绅精英通过群体演绎的洋务思潮影响着中国近代体育的发展，以魏源、冯桂芬等为主的思想家精英通过著书立说的方式从理论的角度阐述了“师夷长技以制夷”的新思想和新观念，其中就包含与近代体育相关的养兵练兵之法，它为随后开展的洋务运动起到了思想先导的作用。从 19 世纪中期开始，以曾国藩、李鸿章等为主的政治精英在新式军队和军事学堂中实践和传播西洋兵操，从而开启了中国体育近代化之路。

到了转型阶段，晚清传统的士绅精英话语及其话语方式日渐式微，以维新派为代表的思想家精英主导了当时的社会舆论，他们主要借助自办的新兴媒介——报刊传播西学，倡导人的现代化，使得“尚力”思潮、“贵武”精神和“军国民”主义得以在社会中广泛传播。早期的以言论为事业和职业的知识精英在维新变法思潮的影响下，也开始利用现代报刊传播西方近代体育。

1905 年，随着封建科举制度被彻底废除，现代意义上的知识分子出现，与传统知识分子不同的是，他们已经转向大众化的公共话语空间，并开始承担起启发民众、唤醒民众的启蒙精英角色。他们利用正处于蓬勃生长期的现代报刊和良好的媒介舆论环境，继续传播“军国民、尚武”精神，西方近代体育教育制度、思想和体育科学知识的报道也越来越多，并对随之广泛开展的、备受国民关注的学校体育教育的传播投入了极大的热情。因此，知识精英成为清末民初中国体育近代化舆论引导的主体，其中专家学者类的知识精英以传播体育原理、理论和体育史学等体育科学知识为主，并参与到当时诸如军国民、学校体育教育等公共体育话语的探讨中。以言论为职业和事业的报人则主要通过逐渐兴盛的民报以关注体育热点和焦点问题为主，如体育制度与观念、各类运动会等。两类精英往往有交叉，如徐一冰既是近代体育专家，又创办《体育界》和《体育杂志》，充当报人传播体育知识。这些知识精英通过报刊媒介对公共体育话语的参与和引导为体育文化启蒙奠定了基础。

五四时期，平民知识分子登上了历史舞台，他们与其他知识精英继续成为媒介舆论引导的主体，引领着中国近代体育走向初步现代化。与前面几个阶段相比，重构阶段的知识精英不仅肩负着救亡的任务，还肩负着启蒙的重任，他们“相信思想与文化的变迁必须优先于社会、政治及经济的变迁，而思想本身的改变是最根本的变迁，其他变迁是以思想的变迁为泉源的”。因此，在新文化运动的影响下，各类知识精英开始用民主、科学的观点来研究体育，用理性思维来思考体育，以新思想、新观点来指导中国体育实践。他们认为体育的真义就是强健身心，具有健身、教育、娱乐的功能，与人的生活密切相关，并在争论和批判中弘扬中国传统体育文化。为了适应新形势，很多报刊不但增加了体育报道的数量，而且开辟了体育专栏和专号来传播体育文化，从而为西方近代体育在中国适应发展和中国近代体育走向成熟创造了条件，为中国体育文化启蒙创设了良好的舆论氛围，中国近代体育开始在理性思维和实践活动两个层面同时向前推进。

当新闻纸作为一种实实在在的事业传入近代中国之后，报刊的发展虽偶有起伏，但总体趋势是越来越盛行，在各类社会精英中，除了一些抱残守缺、顽固不化、逆历史潮流而动的守旧派之外，更多的则是持有革新思想和开放观念的政治精英和知识精英，他们把报刊等媒介作为舆论阵地，运用不同的体育话语，传播西方近代体育知识，改变国人对体育的认知，推动中国近代体育从军队走向学校，从学校走向社会，使国人逐渐认识到体育的本质，认识到体育的健身、娱乐、竞技功能，引导中国近代体育走向初步现代化。

5 结 语

为了尽可能深入地探讨 1840—1927 年媒介舆论与中国体育近代化在历史变迁中的复杂关系，本研究尝试从体育学、传播学和舆论学的视角，运用历史分析的方法展开研究。将近代体育变迁置于媒介舆论引导的场域中，结合纵向传承的史学视角和横向的传播学视角加以剖析和解读，既有近代体育史学的宏大叙事背景，又有传播学的中观考察和舆论学的细微考证，从而共同构成了立体式的历史观照。

综合以上分析和解读，研究结果基本上验证了之前的两个研究假说，即在萌芽和转型阶段，中国近代体育的发展受政治精英和思想家精英所形成的政府舆论场和精英舆论场的影响较大；到了生长和重构阶段，政府舆论场日渐式微，各类知识精英主导的舆论作用凸显，在这一过程中，媒介的舆论引导和传播效果越来越得以彰显，作为公共领域的体育话语在越来越开放的舆论氛围中逐渐生成。同时，随着普遍王权的一元解体和五四新文化运动对近代体育的理性批判和思考，中国近代体育逐步实现了从器物到制度再到价值层面的文化传播过程。

5.1 对当代中国体育现代化的启示

现代化命题一直是近代以来中国孜孜以求的目标，而“体育现代化是中国社会现代进程中指向未来体育发展目标且具有阶段性特征的水平状态和发展过程”，虽然中国体育现代化取得了一些阶段性成果，但在当代社会转型的宏观历史背景下，仍然需要继续创新和发展。笔者认为，1840—1927 年媒介舆论与中国体育近代化变迁的过程与特点对当代体育现代化有以下几点启示。

5.1.1 始终注重体育现代化过程中人的现代化正确舆论引导

人的现代化是体育现代化的起点，也是终点，从某种意义上讲，中国近代体育的变迁都是特定历史语境下人的现代化意识的逐渐觉醒。洋务派在“中体西用”的思想指导下，于军队和军事学堂中引进西洋兵操，其初衷虽然是强兵，也有明显的技术工具的痕迹，但它却影响了中国自汉代以来的崇文抑武价值观，自此“身体发肤，受之父母”等礼教控制的人的身体枷锁开始出现松动，重要的是，洋务派对西洋兵操的粗浅认识，使国人获得独立于礼法之外的身体意识，这也标志着人的现代化意识从士绅阶层所传播的“锻炼体魄、娴熟技艺”开始萌芽。甲午战败，有识之士开始从文化背景的角度反省过往的失败，进而把目光集中到了中国“人”的问题上，要求改革文化教育，提出“鼓民力、开民智、兴民德”，以造就和培养一代“新民”，思想家精英和知识精英借助媒介所倡导的“尚力、贵武、军国民”的强国强种体育观念在身体话语中生成，虽然被烙上了深深的政治印迹，但它是中国人在体育认知上的一次重大历史飞跃，进一步肯定了人的现代化在体育发展中的重要性，使体育从军队走向学校，并向社会传播。五四新文化运动时期，新型知识分子开始更多地从体育的本质去定义和认识体育，开始关注体育与人生、体育与社会等问题，逐渐认识到体育的健身、娱乐、竞技功能，凸显了人的现代化，开启了近代中国体育文化启蒙之路，使中国体育真正走上了初步现代化之路。

综上所述，可以看出，在近代中国，随着体育观念的不断演变，社会各类精英伴随历史语境的变迁运用不同的话语表达方式传递着人的现代化观念，致使“改造人作为改造一切的基础”的意识被逐渐接受，但同时我们也应该认识到，“近代体育作为一种国家生存手段的认同，正以一种前所未有的模式对近代乃至当代中国体育的模式产生深远影响，时至今日，功利化、工具化地对待身体和看待体育，忽视个体身体发展的需要似乎依然存在于我国体育发展的理念之中。这是我们今后应该注意的，同样也是我们今后在谋求体育事业发展和变革的过程中需要反思和批判的”。如今，体育已经成为大众的一种生活方式，在实现体育现代化的过程中，对于人的现代化问题，既要考虑体育的社会属性，也要注重其自然属性，让身体和体育回归其本真状态，并充分运用现代大众传播媒介的舆论引导功能，设置合理议程，减少对体育的功利主义和工具主义的追求和传播，防止体育本来所具有的自我实现、追求自由的特质被异化。

5.1.2 以媒介为支点，整合政府、公众和媒介舆论场，引导中国体育现代化持续、良性发展

“舆论场是指包括若干相互刺激因素，从而能使许多人形成共同意见的时空环境。”在我国社会，社会舆论场是由政府舆论场、媒介舆论场和公众舆论场（包含精英舆论场）所组成的三元结构体，三者之间既相互交叠，彼此之间又存在区别。在中国近代体育走向初步现代化的过程中，三者交互影响着体育现代化的历史进程，但社会各类精英主导的媒介舆论在近代体育的历史变迁中所发挥的舆论引导作用越来越突出。

在萌芽阶段，政治精英和思想家精英借助洋务思潮所形成的政府舆论场和精英舆论场引导国人初步认识了西方近代体育，他们延续了传统知识分子惯常诉诸文字笔杆以“言志”和“立言”的习性和品格，随着外报对清帝国的渗透，士绅阶层逐步认识到报刊传播的重要性，开始阅读和关注报刊，一些有识之士也尝试着自办报刊。继之而起的维新派和革命派等新兴知识分子冲破封建言禁，以政论为思想武器，借助蓬勃发展的报刊媒介广泛传播救亡图存的新思想，大力倡导“尚力、贵武、军国民”的强国强种体育观，引导公众舆论，并在一定程度上影响着清末新政，致使官报和民报在非政治话语空间下的体育领域达到了某种契合，推动了学校体育发展，为中国近代体育思想启蒙打下了坚实的基础。五四新文化运动时期，报刊精英文化开始向大众文化过渡，报刊主导的媒介舆论往往容易转变为广泛意义上的公众舆论，公共体育话语在民主、科学思想的启蒙下，使得健身、娱乐、竞技的体育观念逐步确立，中国近代体育也在五四运动前后开始走上初步的现代化。

从这一时期中国体育近代化的进程可以看出，伴随着中国近代媒介逐步走向现代化的过程，以报刊为主的媒介舆论在中国体育近代化过程中的作用越来越得以彰显。与近代持续动荡、变迁的历史环境不同，如今，我国已进入和谐、稳定发展时期，社会的根本利益一致，大众传播

媒介的社会化、社会协调、社会关怀、舆论监督以及议程设置等功能越来越完善，我们应该充分利用这些有利条件，以媒介为支点，整合政府、公众和媒介三个舆论场，在代表公众体育利益的汇集上充当“聚合器”，既考虑政府有关体育发展的长远规划，又能从民众的体育需求出发，平衡、综合相关议题以引导社会舆论，真正实现体育现代化的良性、可持续发展。

5.2 进一步研究的问题

媒介舆论与中国体育近代化是一个涉及多学科、复杂的研究，其中充满着诸多挑战，既有研究本身多变量的历史观照和浩如烟海的史料搜寻和整理的难度，又有来自研究者本人自身知识储备及研究能力等方面的欠缺，展望未来的研究及后续进一步研究的问题，笔者有以下几点想法。

第一，续补中国近代后 22 年的媒介舆论与体育近代化的研究。虽然 1840—1927 年体育和舆论的变迁已呈现出一个较为完整的文化形态，但从近代史学研究来看，仍是不完整的，今后应继续挖掘和整理 1927—1949 年的相关史料加以研究。但有一点要说明，19 世纪 20 年代中后期，广播作为一种新兴媒介开始在中国出现，但广播的声音不像文字材料相对易于保存，后续研究仍然只能以报刊文本史料为主来考证。

第二，对媒介舆论与学校体育、社会体育、竞技体育近代化的研究。我国的体育事业包括竞技体育、社会体育、学校体育三大领域，中国近代体育经历了从军队到学校，从学校到社会的传播发展道路，既包括学校体育走向初步现代化的过程，也包括竞技体育和社会体育走向初步现代化的过程，本研究是从整体上把握媒介舆论与中国体育近代化，对于三大领域虽然都有涉及，但从纵向的历史连贯性考察和横向的多学科考察都有待深入。

第三，对媒介舆论与区域体育近代化的研究。我国地域广阔，不同的区域呈现出不同的体育文化形态和媒介文化形态，就目前研究成果而言，除了上海地区之外，其他区域的媒介与体育近代化研究还比较少见，譬如岭南、东北地区等，这些区域无论是媒介还是体育在近代都具有明显的区域特色，今天也是如此，因此，从媒介地理学和区域文化发展的角度探讨中国近代体育走向现代化的过程既有史学价值，也有现实意义。

第四，媒介舆论对中国体育近代化负面效应的关照探究。在媒介舆论与社会互动框架中观照中国体育近代化发展历程中，既要考虑到其正面效应，也要深入反思媒介舆论可能产生的危机及应对之策，以及负面舆论对中国体育近代化进程的阻滞作用，文中每一阶段的分析与探究虽都有涉及，但从历史系统分析的视角看，显得相对零散，不成系统，这是后续分析和解读过程中需要进一步考虑的问题。

“体育作为一种以身体练习为主要特征，荷载着丰富文化积淀和精神财富的社会文化现象，始终伴随着人类文明和社会进步而发展。”中国近代体育的传播冲破了汉代以来的崇文抑武价值观，在各类社会精英的舆论引导下，适应现代世界发展趋势而不断革新，克服了传统因素的阻力，开启了现代体育文化思想启蒙，走向了初步现代化。正如学者所说，“传统与现代性是现代化过程中生生不断的‘连续体’，背弃了传统的现代化是殖民地或半殖民地化，而背向现代化的传统则是自取灭亡的传统”。在文化日益世界化的过程中，对于转型期的中国体育现代化而言，既要有纵向的历史传承的观照，也要有横向的文化交流和传播，更要把握时代脉络，充分运用日益发达的大众传播媒介引导舆论。本研究正是基于对上述观点的认可而做出的选择和尝试，试图为近代体育史学研究增添一种新的视角。

参考文献

[1] 倪琳. 近代中国舆论思想变迁 [M]. 上海: 上海交通大学出版社, 2012: 1.

[2] 蒋廷黼. 中国近代史 [M]. 上海: 上海世纪出版集团, 2006: 2.

[3] 梁娅红. 近年关于中国近代体育的研究综述 [J]. 体育文化导刊, 2012 (8): 133 -136.

[4] 许纪霖. 近代中国的公共领域: 形态、功能与自我理解——以上海为例 [J]. 史林, 2003 (2): 77 -89.

[5] 毕一鸣, 骆正林. 社会舆论与媒介传播 [M]. 北京: 中国广播电视出版社, 2012: 7.

[6] 李力研. 野蛮的文明 [M]. 北京: 中国社会出版社, 1998: 19.

[7] 迈克尔·安德森. 新闻社会学 [M]. 徐桂权, 译. 北京: 华夏出版社, 2010: 81.

[8] 毕一鸣, 骆正林. 社会舆论与媒介传播 [M]. 北京: 中国广播电视出版社, 2012: 42.

[9] 潘忠党. 传媒的公共性与中国传媒改革的再起步 [J]. 传播与社会学刊, 2008 (6): 1 -16.

[10] 许鑫. 晚清民国时期传媒公共性的生成与演变 (1815—1949) [J]. 新闻与传播研究, 2011 (5): 74 -82.

[11] 吴果中.《时务报》与中国近代公共舆论空间的建构 [J]. 湖南师范大学社会科学学报, 2005, 34 (6): 105 -109.

[12] 苏全有, 徐冬. 清末阅报讲报活动对近代公共舆论空间的拓展 [J]. 山东图书馆学刊, 2011 (1): 17 -21.

[13] 齐心. 公众参与与近代舆论的形成——以《苏报》"通信栏"为例 [J]. 华北水利水电大学学报: 社会科学版, 2012, 28 (3): 90 -92.

［14］袁德娟．中国近代公共舆论空间的结构要素［J］．采写编，2009（6）：27.

［15］袁德娟．中国近代公共舆论空间的缺陷分析——以戊戌维新时期为例［J］．青年记者，2009（8）：110－111.

［16］孟庆澍．报刊、学堂与租界——近代舆论兴起的物质性条件［J］．现代中国文化与文学，2008（1）：194－205.

［17］徐宝璜．舆论之研究［J］．北京大学月刊，1920，1（7）：105.

［18］林语堂．中国新闻舆论史（1968 年版）［M］．广州：暨南大学出版社，2011：73.

［19］倪琳．近代中国舆论思想变迁［M］．上海：上海交通大学出版社，2012：72.

［20］倪琳．近代中国舆论思想变迁［M］．上海：上海交通大学出版社，2012：76.

［21］许纪霖，重建社会重心：近代中国的“知识人社会”［J］．学术月刊，2006（11）：142.

［22］刘建明，纪忠慧，王莉丽．舆论学概论［M］．北京：中国传媒大学出版社，2009：107.

［23］丁柏铨．新闻理论探索［M］．上海：上海交通大学出版社，2012：86.

［24］毕一鸣，骆正林．社会舆论与媒介传播［M］．北京：中国广播电视出版社，2012：141.

［25］百度百科．媒介舆论［EB/OL］．http：//baike. baidu. com/link？url = －CeWlHj_ kwmTLX9t14j6ZB5JGt_ tBRKr28BX599LeQDQpGOAqUU8WfHlv2_ yM_ I9zxUEFmmgI2U00nhxs8cEPq.

［26］潘君健．报纸评论和社会舆论［J］．报学季刊，1934（创刊号）：54－55.

［27］梁启超．《国风报》叙例［N］．国风报，1910－02－20.

［28］徐宝璜．新闻学［M］．北京：国立北京大学新闻学研究会，1919：4.

［29］邵飘萍．新闻学总论［M］．北京：京报馆，1924：11.

［30］吴果中．《时务报》与中国近代公共舆论空间的建构［J］．湖南师范大学社会科学学报，2005，34（6）：105－109.

[31] 喻春梅. 近代报纸与舆论——以民初长沙《大公报》为例 [J]. 高校图书馆工作, 2012, 32 (1): 68-71.

[32] 罗荣渠. 现代化新论——世界与中国的现代化进程 [M]. 北京: 商务印书馆, 2004: 7-8.

[33] 乔志强, 行龙. 中国近代社会史研究中的几个问题 [J]. 史林, 1998 (3): 44-51.

[34] 孙占元. 中国近代化研究问题述评 [J]. 史学理论研究, 2000 (4): 124-134.

[35] 刘大年. 当前近代史研究中的几个理论问题 [N]. 人民日报, 1997-01-11 (05).

[36] 李文海. 对中国近代化历史进程的一点看法 [J]. 清史研究, 1997 (1): 5-9.

[37] 肖冲. "西学东渐"与中国体育近代化 [J]. 武汉体育学院学报, 1992 (3): 71-74.

[38] 熊焰. 对中国体育现代化的考察与反思 [J]. 荆州师专学报, 1993, 11 (5): 80-83.

[39] 徐忠. 体育近代化的几种基本模式 [J]. 体育学刊, 2001, 8 (6): 9-11.

[40] 薛文婷. 中国近代体育新闻传播史论 [M]. 北京: 北京体育大学出版社, 2010: 5.

[41] T. S. 库恩. 科学革命的结构 [M]. 李宝恒, 纪树立, 译. 上海: 上海科学技术出版社, 1980: 8.

[42] 郭莹. 精英人物与中国近代化进程 [J]. 学术月刊, 1994 (1): 66-73.

[43] 马卫东. 历史学理论与方法 [M]. 北京: 北京师范大学出版社, 2009: 142.

[44] 梁启超. 中国历史研究法 [M]. 上海: 商务印书馆, 1922: 6.

[45] 丹尼斯·麦奎尔, 斯文·温德尔. 大众传播模式论 [M]. 祝建华, 武伟, 译. 上海: 上海译文出版社, 1987: 7.

[46] 威尔伯·施拉姆, 威廉·波特. 传播学概论 [M]. 周立方, 李启, 译. 北京: 新华出版社, 1984: 121.

[47] 史媛媛. 梁启超与中国社会舆论的近代转型 [J]. 郑州大学

学报：哲学社会科学版，2001（1）：113－118.

［48］赵轶峰．历史分期的概念与历史编纂学的实践［J］．史学集刊，2001（4）：1－6.

［49］李倬宇，钱培荣．晚清报刊的发展历程［J］．杭州大学学报，1996，26（4）：136－144.

［50］邵志择．近代中国报刊思想的起源与转折［M］．杭州：浙江大学出版社，2011：115－116.

［51］故宫博物院明清档案部．清末筹备立宪档案史料：上册［M］．北京：中华书局，1979：1.

［52］陈玉申．晚清报业史［M］．济南：山东画报出版社，2003：1.

［53］贺跃夫．晚清士绅与中国的近代化［J］．中山大学学报：社会科学版，1993（3）：75－82.

［54］CHANG C L. The Chinese Gentry，Studies on Their Role in 19th Century［M］．Washington D. C.：University of Washington Press，1955：164.

［55］熊月之．冯桂芬评传［M］．南京：南京大学出版社，2011：15.

［56］蔡锷．曾胡治兵语录［M］．北京：中国民族摄影艺术出版社，2002：126.

［57］曾国藩．曾国藩全集：奏稿·请催广东续解洋炮片［M］．长沙：岳麓书社，1989：161.

［58］曾国藩．曾国藩全集：诗文［M］．长沙：岳麓书社，1989：463.

［59］曾国藩．曾国藩全集：诗文［M］．长沙：岳麓书社，1989：453.

［60］王忍之．近四十年世风之变化：辛亥革命前十年间时论选集：第1卷［M］．北京：生活·读书·新知三联书店，1960：741.

［61］李鸿章．筹议制造轮船未可裁折［M］//李文忠公全书：奏稿．上海：商务印书馆，1921，19：45.

［62］王恩溥．谈谈六十三年前的体育活动［M］//中国体育史参考资料：第3辑．北京：人民体育出版社，1958：121.

［63］阿芒·马特拉．世界传播与文化霸权［M］．陈卫星，译．北

京：中国编译出版社，2001：9.

［64］汤志钧．康有为政论集：上［M］．北京：中华书局，1998：268.

［65］康有为．康有为全集：第1集［M］．上海：上海古籍出版社，1987：550.

［66］梁启超．梁启超文选：上［M］．北京：中国广播电视出版社，1992：294.

［67］戈公振．中国报学史［M］．上海：上海古籍出版社，2013：99.

［68］康有为．康有为全集：第2集［M］．上海：上海古籍出版社，1990：94.

［69］张灏．中国近代思想史的转型时代［M］//陈弱水，王凡森．思想与学术．北京：中国大百科全书出版社，2005：305.

［70］曹锦清．黄河边的中国：一个学者对乡村社会的观察与思考［M］．上海：上海文艺出版社，2000：243.

［71］戈公振．中国报学史［M］．上海：上海古籍出版社，2013：155.

［72］刘增合．媒介形态与晚清公共领域研究的拓展［J］．近代历史研究，2000（2）：237－265.

［73］陈昌凤．中国新闻传播史：传媒社会学视角［M］．第2版．北京：清华大学出版社，2009：155.

［74］邵晓军，赖雄麟．晚清民族危机中现代体育话语的生成［J］．西安体育学院学报，2013（5）：580－583.

［75］郭庆光．传播学教程［M］．北京：中国人民大学出版社，2011：195.

［76］钱理群．试论五四时期“人的觉醒”［J］．文学评论，1989（3）：5－16.

［77］叶青．论五四时期知识分子的分化与嬗变［J］．东南学术，2004（3）：158－168.

［78］余道明．体育现代化表征研究［J］．成都体育学院学报，2008（12）：6－9.

［79］程卫波，孙波，张志勇．中国近代体育发展阶段的历史审视——一种身体社会学视角［J］．体育科学，2011（3）：97.

[80] 喻国明，刘夏阳．中国民意研究［M］．北京：中国人民大学出版社，1993：283.

[81] 张宏，吕树庭，王玉昕．体育现代化的概念及其内涵——兼论广东省基本实现体育现代化［J］．广州体育学院学报，2004（2）：16－18.

[82] 罗荣渠．现代化新论——世界与中国的现代化进程［M］．北京：商务印书馆，2004：358.

附 录

一、萌芽阶段（1840—1894 年）部分引用报刊原文图

A1：《格致汇编》——《格物杂说·操练身体有益》（1877 年，第 2 卷 春，第 16 页）

此宪校能適常與來必能大費或爲水師或爲武員最爲合宜蓋男腦巨此女性格和睦心甚慈祥必最愛所生之兒女柔懷順德可爲正人之妻云云聞者匿笑可見其說有謬矣因其大半視衣服爲衡而小半看腦以斷故知看腦之法雖有實理亦最易誤謬也

格物雜說

操練身體有益

法國有大書院專講武事內有一門教人操練身體之力每人操練之事紀錄簿內查半年內之各數知有三要事一人身之力所增之數爲百分之十五至十七分間有二十五分至三十分者二肺能吸空氣之數每一百分能增十六至二十分三身體之重每一百分增六分至七分爲中數間有增十分至十五分者惟身之體積見小從此知肌肉與筋增多則全身有益但所增之力爲在初起三月內至後三月內當有減力之事可知操練身體應有界限至其限則可停歇或暫時間斷

戰陣人心易亂

考美國南北交戰之事集成一書紀錄其要者大可解頤內有一則論兵丁在戰陣間其心易亂有一日戰在格得司得地方傷者死者甚多逃者亦不少共遺棄洋鎗二萬四千支俱無人主理內有一萬八千支不合法裝藥一萬二千支裝藥與彈兩次其餘者裝三次至十次不等間有數鎗裝藥一劑鉛彈六枚又有數鎗連裝六藥包與彈子又有數鎗共裝二十三藥包又有一鎗內亂裝鎗子二十二枚小鉛子六十二枚另有多火藥從此可見戰陣之間心易慌亂連裝藥彈而不放不但美國之兵丁如此卽各西國在戰陣之後如查所失之鎗往往有相同之事

奇異之表

美國一賣鐘表家有一表甚奇異能報月份與禮拜幾日與幾點幾分幾杪又每杪分爲五分俱能顯出又有兩針爲跑馬時所用馬起行時按其簧能知馬行之杪數每點每刻俱有聲傳報且無論何時可按之以問時刻又有算器在內能加減乘除最爲靈妙有人笑曰多加兩個輪則能念書寫信再加一個輪能說話又有人

格致彙編　格物雜說　十六

A2：《益闻录》——《赛马论》（1880 年，第 32 期，第 8 页）

之邦、人皆奉天地主爲宗以爲與　天主聖教正符合、欲得其寔、陸行三年、經狂沙掠人之國、歷盡艱難、經到關中、乃知所聞之國卽中國、利子聞而遣人訪之、值其病篤、一見同會者、望外喜溢、遂安然去世矣、利子住京師十年、交遊益廣、著述益多、時與名公論學、旁及度數、因著畸人篇及與徐宗伯玄扈所譯幾何原本、測量等書、與李冏鄉我存所譯同文算指、渾蓋通憲、乾坤體儀等書、俱已行世、自是西方有道之士、多致書請問、利子率手自裁答、時又爲寓中國西士之長、卽答會士書札、亦纚纚長言、利子不倦也、生平樂於接引、所稱明鏡不辭屢照、清流無憚惠風、利子有焉、每日除禔躬贍禮存想省察翻經外、皆談道著書之候、而門有過訪、又亟倒屣出迎、時患頭風、雖伏枕呻吟、一聞問道者至、卽欣然延接、悉忘其恙、客退呻吟如故、於是從教日廣、喜與利子相親、利子率諄諄樂告之、卽有貧賤者、利子亦作平等齊觀、其接見與大賓無異也、庚戌歲上、計名公及省試孝廉、輪蹄相錯、利子接見各慊懷來、新到會士能有綱習揆一、初未習中國語言文字、利子又時與之指陳、殫其心力、恒持齋減其飲食、而應接不暇、諸會士皆以利子春秋漸高、何以都無倦色、不可謂非　天主默祐簡閱之身也、

此稿未完

賽馬論

雲間郭友松稿

賽馬之戲、前所未見、滬上自泰西人來館於此、遂有是舉、其時則約在春秋之季、維時各率其僕、飾其馬、加以錦韉、標以名目、又復如秤象法、別其輕重焉、如縱藝法、殊所先後焉、至其所行之地、約有數里、所試之險、亦有數端、高躍旁繞、直進突收、法亦備焉、乃觀者嘖嘖言其美、而未嘗考其原、竊爲論之、番人之於百戲、正有不可辨者、如遼史之再生儀、五代史之博箭打毬諸事、閱史者徒見其名、而其事之如何、未有明論矣、若今賽馬之說、則其風不自泰西始也、昔孫武子上駟中駟下駟之論、已詳國策中、古人所謂鬥雞走狗馳馬之戲、皆以之娛俗者、其賞亦或千百金之巨焉、古人之爲事也、而賢負、今之鬥鵪鬥蟋蟀、所粲之物既細、而於綷手把手之關各有弊、如賽馬之舉爲物既巨、又且騏驥之艮、飛黃緑耳之迅、不獨八駿見於昭王、六駿見於昭陵也、地用莫如馬、論馬之美者見於相馬經、及格致鏡原、聖師錄諸帙、幾不勝書、苟調養得其宜、駕馭盡其道、驅策極其才、雖一彼一此、有勝必有負、而孰先孰後無隱亦無欺、其遠勝中人之鵪鳥蟋蟀矣、不

A3：《格致汇编》——《拟请中国严整武备说》（1880 年，第 3 卷春，第 14－15 页）

擬請中國嚴整武備說

予歷戎行有年矣久欲將目覩耳聞者傳之於事筆之於書以供衆覽俾中國兵弁有所則傚法至遠慕言最高
也無如剞劂殊難有志未逮去冬到滬晤　傅蘭雅先生道及此意先生慨然許之登入格致彙編以廣播傳
舉凡管窺所及均用尋常文理不尙及典華使人人皆易翻閱蓋德國兵法固與他國不同中外所共見共聞
稱道勿衰者也何以見之予本德人在國從戎十年之中作師長八年如德奧一役身經數戰披堅執銳履險
如平者數次晝而訓練夜而講求迨同治九年來華承鋼砲廠主克虜卜面囑表白克虜卜後膛鋼砲製作之
精工料之堅無有過於此者使中國皆知其砲之犀利無匹也旋奉委辦軍務歷十年之久蒙
諸大憲優加獎勵幷有外國兵船管帶觀我陣法亦蒙獎許憶自十年在華襄辦軍務雖不敢妄自誇張亦堪
自信若使中國兵弁效法德國予所深悉至能學與否予可決其必成惟中國規矩律例古今事蹟風俗民情
中外交接之處其中有益於用兵者或未能深悉即所成此編亦不敢期
各大憲一概信從但求於所言二十條內酌採四五條請爲試驗則予願已足是編所陳各節大半請求德國
武備至德國兵法與中國兵法不妨互証參觀後幅歷叙各條皆因中國兵法有不能盡善之處因摘而述之
所望擇尤而效斂觀一新並無他意存焉而已蓋凡有國必有人一人教之人人化之　國創之各國效之從
此互相施受則道一風同普天下而交受其益理固然也況中國素稱富強之邦獨是數千年來並無他國來
往所以各種技藝格致等學皆未探索自中外通商以來交誼日親漸覺泰西技學而於國計民生均有裨益
且一切學問當以武備爲第一要務前曾文正公奏牘有云若我國學習泰西技藝宜先學泰西兵法其次則
製造輪船等事蓋一人有一人之長一國有一國之長此或勝彼彼或勝此各有專長如英國以造舟爲獨擅
緣英國地居海濱往來貿易海面居多造舟是其習慣德國則以陸路練兵爲要務偏法奧俄諸隣國　而備
兵啓釁皆可由陸路而進故操練防範最爲嚴肅德國之長於此可見十年以前外國皆自言及法國兵強此
特未知德國兵事者乃有此議彼法皇拿波崙第三于同治九年亦因不識德國兵力猝衆進攻鏖戰月餘其

敗就俘遂向德皇謝罪曰今而後吾知天下兵强砲利惟德國稱[illegible]八月法國百萬之師全軍皆爲生擒兵弁四十五萬逃亡者不計其數今德國武備始基爲先皇[illegible]世所創時其稱天下第一統帥[illegible]既成今皇遵艮第一肯構肯堂竟成事業其間佐帥毛爾格等贊襄之功居多百餘年來功成業就竭力盡心國富民强之象日復一日而懦弱之風永不復覩矣鎗炮之增添無以復加陳爛之習置之高閣矣兵法之善洵無比倫如此勁練然猶不敢稍事懈弛又必隨時興利除弊而其軍務雖在承平無事之秋兵弁法度兵餉優絀俱有一定章程不得稍有改移即瑣屑細故亦皆載明定章通國皆知無分等級賞罰分明現在德國兵隊整齊嚴明洵稱獨步閱是編者未聞他國兵隊若何必問何以此編獨論德國隊好予無多言使可回答所謂好隊者先要兵弁遵依統帶調遣鎗炮器械時時預備爭戰地步無論何時聞呼即至如居民曾充練兵一聞警報無不爭先恐後領取號衣器械三日之內皆可調齊似此迅速德國兵隊至于此極予所以不厭瑣煩剖晰縷陳以公同好非謂軍旅之事秘而不宣也予生長德國愛國之心固不能忘現在中國教練亦願中國兵弁早日改觀期與德國兵法如出一轍而且中德兩國同敦和好允宜共慶昇平萬年安泰管窺之見幸勿以河漢視之是爲說

光緒六年正月　日

山東登榮水師教習瑞乃爾自識

互相問答

第二百二十登州蓬萊閣道人問云嘗見北海之中忽有城市樓閣人物車馬之形遙望歷歷如繪有倏起倏滅者有許久始滅者世傳爲海市蜃樓說者謂海市乃神山幻景蜃樓乃海中有物名蜃噓氣幻成樓閣之形然不知究爲何物何理請詳示之答曰海市蜃樓本同一理近海處頗多而山東蓬萊以及西國意大利海面亦常見之其理乃空中懸影也或對岸有城市村落遙望不見忽海面之上有一層空氣輒覺稠密略如懸鏡相似物影入其氣內一時折光各異則自人望之其影儼在空際似乎別有地天也且不但海市如此即如陸路郊行平原曠野之地遙望忽現江河之狀且有車馬人物俱甚高大名爲野市俗以爲風水使

A4:《格致汇编》——《格物杂说·体骨堪核数》(1891 年，第 6 卷冬，第 52 页)

三分日之六爲各人獨抄一部之日數又得三日又百零七分日之九十九爲三人共抄一部之日數

互相問答

本彙編此次稿件過長編幅已出常格之外故於互相問答一則不及詳列而格物雜說各件亦不便多登也

格物雜說

體骨堪核數

人之生也及十五歲骨一百六十塊肌約五百副血二十五磅心長五寸徑三寸每分時跳七十次一點鐘跳四千二百次盡一晝夜共跳十萬零零八百次每一年跳三千六百七十二萬二千二百次每跳一次發血二兩每日共發血七頓肺內容空氣二百五十至三百立方寸一日夜呼吸二萬四千次肺內空氣小膛共面積略二萬平方寸腦重略三磅壯而成人者加半磅皮膚面積略一千七百平方寸皮膚受空氣壓力每平方寸十五磅皮膚分三層厚四分寸之一至八分寸之一每方寸有汗孔三千五百各孔爲小管之口每管長四分寸之一全身汗管共長二十萬一千一百六十六尺

綰針用克昌

西國造一種針有尖有頭類乎小釘西人多用以綰連衣服等事現英國伯明罕地方每日造此針有三千七百萬枚英境他處每日造一千七百萬枚合計英國每日共造有五千四百萬枚法國日造約二千萬枚荷蘭德國等日造一千萬枚統核歐洲各國每日共造此針有八千四百萬枚之多每日所造新針如此其多用之者不及磨損折壞何能銷用若此繁耶意者針價甚廉人不珍惜每日必遺失廢棄不少故歐洲每日造有八千四百萬新針每日亦必失去此數致歐洲之人民凡二萬萬零四千萬衆合綜均計應每人三日遺失一針一日所失針值應金錢一千圓合以華銀則畧有五千兩之多如此之失皆因機器造針極速以致針價最廉而人遂視同草芥不愼加收藏焉

二、转型阶段（1895—1904 年）部分引用报刊原文图

A5：《杭州白话报》——《国民体育学》（1902 年，第 2 卷）

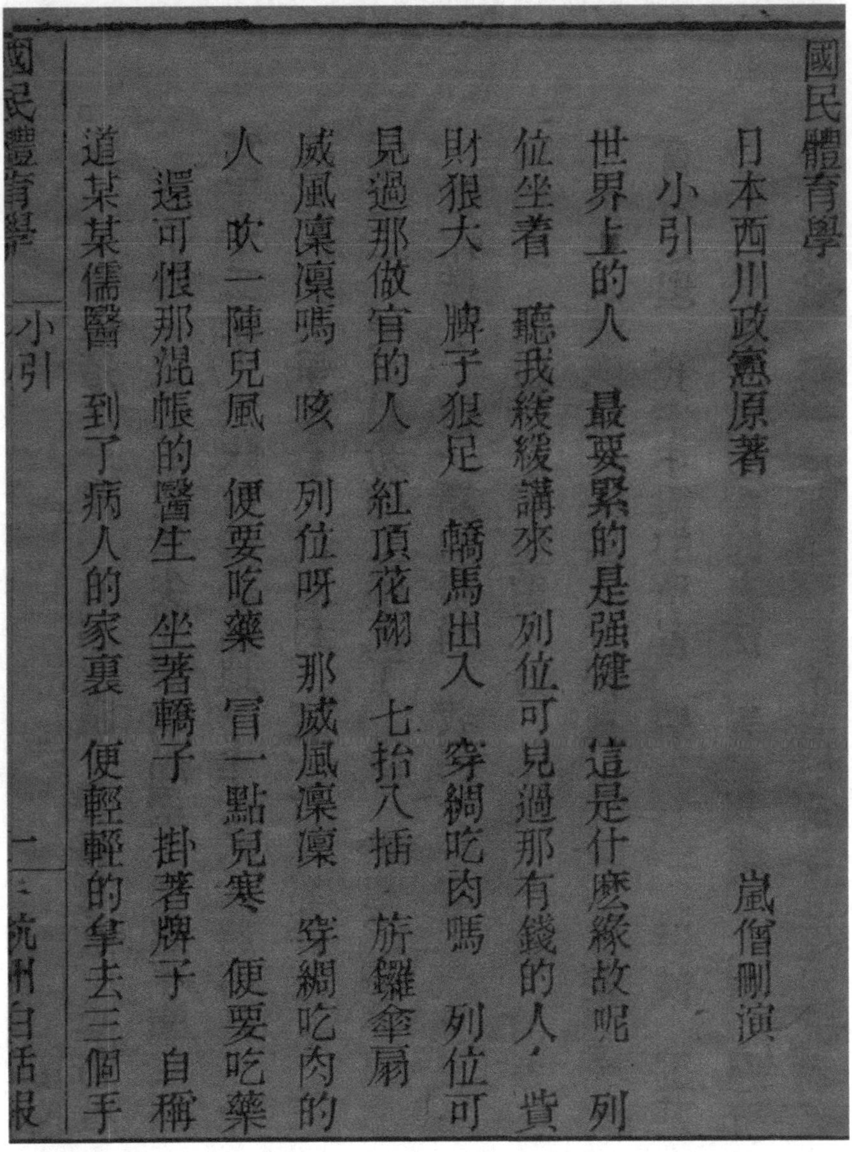

國民體育學

日本西川政憲原著　嵐僧刪演

小引

世界上的人　最要緊的是强健　這是什麽緣故呢　列位坐着　聽我緩緩講來　列位可見過那有錢的人，貴財狠大　牌子狠足　轎馬出入　穿綢吃肉嗎　列位可見過那做官的人　紅頂花翎　七抬八插　旂鑼傘扇威風凜凜嗎　咳　列位呀　那威風凜凜　穿綢吃肉的人　吹一陣兒風　便要吃藥　冒一點兒寒　便要吃藥還可恨那混帳的醫生　坐著轎子　掛著牌子　自稱道某某儒醫　到了病人的家裏　便輕輕的拿去三個手

國民體育學　小引　二　杭州白話報

尖向那脈道上一搭 舌頭一瞧 便連聲道 陰虧呀
虛損呀 快快的把筆尖兒醮幾點墨 提起手來 便
寫了十二味十六味的黨參熟地 七七八八的名目 外
邊兒的輿夫爭轎金 討看封 這一會兒都幹好了 這
個醫生 便大踏步的上轎去了 咳 那知道醫生到了
性命送了 這一類的事情 我們一年裏不知道要見
到幾多 這雖然是醫生的不好 不過我們養生的方法
也太不講究了 外國人從嬰兒的時候起 便講究體
育的道理 我們中國的積習 嬰兒初生的時候 聽其
自然 毫不注意體育的方法 等到知道了人事 還有
兩種害處 第一是那些溺愛不明的父母 這知道我的

兒子聰明得狠　八字好得狠　將來必定大富大貴　兒子要怎麼樣　便依他怎麼樣　姑息養奸　釀成惡習　第二是急求進步的父母　只知道喊他的兒子　終日在書房裏咿唔咿唔的念書　博一個有幾歲十三經讀完的名聲　只有幾歲已經進學　已經中舉的名聲　所以不管怎麼樣　撳他的頭　也不知道要傷腦　喊他跪　也不知道要傷神　亂七亂八的亂打　昏天黑地的亂罵　也不知道怎麼樣叫作教　怎麼樣叫作育　怎樣的保他的廉恥　怎樣的使他成人　幸而功名成就了　於世界上的事情道理　全不知道　而且身體文弱　滿肚子的然而所以　之乎者也　咳　有了這兩種情形　怎麼

樣能够使他身體强健　成一個完完全全　轟轟烈烈的國民　替國家做一番事業呢　這一部書　是日本體育會裏西川先生名政憲撰成的　其中所講的話　很有道理　從嬰兒時候起　到青年時候　詳詳細細　那些於我們中國有用的　我便拿來演成白話　要諸位明白體育的道理　好叫那少年世界的人　都有了國民的體魄　到那時候　果能够勉卻了外人的凌虐　外人的壓制　外人的侵奪　這纔算是堂堂的國民呢　哈哈　國民呀　國民呀

敘次

甲　嬰兒體育

A6：《女学报》——《论女子宜讲体育》（1902 年，第 2 卷第 2 期，第 1 –4 页）

論說

珊瑚七尺摧以鐵波濤萬頃塡以石

論女子宜講體育

陳擷芬

體育與德育智育並重。男女一也。中國女子非但無體育。且從而戕賊之。戕賊之道不一。以裹足爲最甚。其他種種。如穿耳。如養指甲。不一而足。無非爲美觀起見。甚且楚宮有餓死之細腰。石崇有減食之舞妓。吁嗟哉。博吾一時耳目之娛。貽人以終身羸弱之苦。彼創爲此等之男子以人爲戲其心誠不可問顧男子爲之而女子遂相率爲之非特列身姬侍者然卽夫君子偕臧宜家令德宜有自主之權矣亦復轉相仿效甘棄其螓首瓠犀之素質而墮於脂粉地獄吁嗟哉吁嗟哉吾攬書史讀詩詞見夫艷妻妖女以及嫚娜娉婷嬌姿弱質等字輒爲作惡數日同是人也彼桓桓糾糾獨爲男子之美稱而加我以夷於流蕩比於凶折之名且若非此不可者。而女子亦遂承認之。呼牛呼馬。悉聽之人。豈不哀哉。豈不奇哉。夫女子所以承認者。其心以爲男子好此。則非此不足爲美觀耳。夫搔頭弄姿。丈夫不免。況女子愛好出於天性。人皆譽之曰美。而曰吾甘不美焉。豈盡人所能哉。雖然。吾願吾天下女子一細諗之。果其爲美否也。夫譽人之美。必曰色。色之潤澤潔白與否。全視其血。體氣強。血管利。則其色白且華。否則焦黄枯澀。人人病容。徒以脂粉掩之。轉增醜耳。其次則曰姿。舉止大方。動合天則。姿之美也。原於素養。非可矯飾。若乃齲齒折腰。以爲媚嫵婧。委靡以取憐。正人君子。鮮不厭之。嗟乎。明明非美觀。不過喪心病狂之男子。爲便於其狎侮壓制。因造作此等名詞。此等形容詞。誘吾輩[illegible]之。奈之何吾輩墮其術中而不悟耶。夫使創此之男子。果以此爲美觀。則彼何不自爲之。而使吾女子爲之也。願吾同胞同性二萬萬之可憐蟲。自今以往。知而自改之。而勸人改之。必人人皆知非體育不能美。斯得之矣。詩曰。碩人其頎。又曰。如山如河。曰。令儀令色。請試玩之，碩也頎也，山也河也。儀也色也。孰非體育代表詞哉。以視佻薄詞人之所形容。孰非反對哉。奈之何一二通文之女子。亦樂誦其所形容。以爲香艷。甚且效而爲之耶。苟知體育與德育智育並重。則必其惡此反對體育之詞。同於德育智育反對之詞矣。奈之何人名曰險惡則怒人名之曰愚蠢則怒。獨至名之曰柔肌名之曰細骨則喜且甚其詞曰弱不勝衣曰柔若無骨而無不樂居也。夫亦不思之甚矣。且夫體育非特與智育德育並重也。實爲二者之本。體育既廢。德育與智育亦隨之矣。君不信。君見有纖足弱步。行則依人者。能盡其相夫敎子之責任乎。并臼不能操。提抱不能任。遑論其他乎。亦惟是終日凝粧。如世俗所謂畫中人而已。吾不解天下男子。盡驅女子爲畫中人何意也。吾又不解天下女子。亦自甘居於畫中人何意也。夫畫爲碩人。畫爲如山如河。畫爲令儀令色。猶可也。而必畫爲媚。畫爲惰。畫爲欹斜。畫爲傾仄。强美者使不美。又强以不美爲美。意無非欲毀其體育也。而德育智育隨之矣。在彼喪心病狂。創爲此等之男子。非不知也。彼以爲但便吾狎侮壓制。并其德育智育毀之不惜也。且以爲非幷毀其德育智育猶不能便吾狎侮壓制也。數千年沈沈黑獄。自西方女權史之輸入。而始放一綫光明。吾願同胞同性二萬萬。及此時光。悉改前習。夫世界雖有此平權自由一說。吾不能自改。雖有日日導我以平權。聒我以自由。且任吾之取携者。吾亦豈能受之哉。然則欲免於奴隸犬馬之辱在自改。欲自改在體育。非第我女子然也。女子亦何莫不然。

論杭州不纏足會　來稿

正月。杭州紳衿有不纏足會之設。假地於錢塘門外張勤果祠中。見之者謂事由紳衿傳柬邀集。而非紳衿不與也。既曰紳衿。則不拘其明達事理與否。苟非紳衿。雖明達不與也。紳衿所邀。非族即黨。則雖有明達。苟非紳衿聲氣之所同。亦不與也。越數日。遂有獨立生致函本館。謂其表面諸形式。均與本旨未合云云相責勵。執筆人亦方以至今未見章程爲憾。而不禁對於會中主事等有所陳詞。曰。繫馬以韁。爲欲其知所往也。然苟無指所往者。雖有韁何用焉。準舟以舵。爲欲其定所

A7:《教育》——《体育杂感·体育之种类及目的》(1904 年,第 2 卷第 11 期,第 1－3 页)

教育

教育

十九

體育雜感

體育之種類及目的

所謂教育者。必體育智育及德育三者兼備、然後謂之爲完全教育。三者缺一。則於教育之義有未圓。教育家不可不三思也。然三者固有輕重前後之別。若以輕重論。則首推德育、古今一轍。而以先後論。則體育爲本、智育次之。德育又次之。先言體育而後可言智與德也。否則生命且不能保。遑問其他耶。請試述體育之要。

體育之要甚多。若求完全之體育。不可不兼備。例如有一童孩、隨其意之所好。酣嬉遊戲。於不知不識之間。已獲益甚大。又如多會友生。談笑讙歡、其助體之發育也。亦不鮮。是可稱一種之體育。夫非有人使之强行。又非從一定之規矩而爲之。唯隨心之所趨以養身體者。名自然體育。應與體操相輔而行。然未得謂之爲完備也。體操者。不假自然體育之隨意。必有

體育雜感　一

定形以圖全軀之均齊暢達。

體操之大別。爲普通體操。或兵式體操。及醫療體操之二種。

一普通體操或兵式體操　夫自然體操之養身體也主由身神之愉快以助長體軀之發育。然使人身各部之機能均致發育則甚難。例如僅依自然體育者。或右手異常發達而左手不及。或常役使其手。而不役使其足。則手力日加多。而足力自不發達。是自然體育不可免之通弊也。若夫普通體操。或兵式體操。其趣味或不及自然體育。然發達均勻。殆無偏長之弊。且如兵式體操。總依號令而進退。故能遵奉命令。恪守規則。其他於容儀動作。俱有習慣整齊之益。故文明國自小學堂以至高等學堂。皆設有體操一科。俾生徒自幼習熟進退舉止之法。一朝有事。選其壯丁。使之從事軍務。再訓練二三月。則成精兵。其有效於國。誠非淺鮮。

二醫療體操　凡人身各有弱點。其發育多不能完全。又或疾病損傷。以致缺全身均一之發達。欲補其缺點。非行醫療體操法不可。何謂醫療體操。例如左手不利者。動其左手。有身體拘攣者。使之伸直。肺力羸弱。脾胃羸弱者。使之强健等類是也。其瑣碎之事。今不具論。要以治療人身特殊之弱點爲主旨。

以上所述之體操。各有其目的。各異其効力。欲於體育毫無遺憾。則不可取一而廢二。如彼農人。早往晚歸。呼吸野外新鮮之空氣。終日使用其軀躰。又如彼鍛匠車夫。於肢體之運動無所不足。似不必注意於體操矣。然此等民人具有各部均調之體質者。百不得一。觀之於日本徵兵之事。寔可知。日本行舉國皆兵制。男子至二十歲。不論貧富貴賤。悉負兵役義務。每歲由官檢查全國壯丁之體質一次。取其强壯合格者。爲兵士。據檢查之成例。則農民鍛匠車夫等。其運動無變化者。多無完全體格。蓋彼非必生而具不完全之體。唯其所運動者。大抵多偏於一部。遂生此效果也。如此之類。不遑枚舉。欲救濟此等弊害。在兼將身體各部之機能。齊整發育。是爲體育之目的。果從斯道。則身躰必强。身躰强。則智育德育亦可依次而收其効。

德育與體育

德育之可重。盡人知之。然世人往往有以惡爲善。以邪爲正。是非顛倒而不自知者。是其智識不足所致也。其人智識不足。而又欲爲道德完美之人。則不流爲鄉愿者幾希。夫智明者

A8：《外国学事》——《论儿童之体育》（1904 年，第 89 期，第 2 页）

外國學事

克。在師範學校三年。須二千四百馬克。故苟欲爲小學教員者。必經時六年之久。而耗費四千五百馬克之多。此項經費。出學者所自辦。此外更由國家爲師範生。酌支相當之補助金。故總計其實數。一人所需學費約五千馬克。且小學教員。若欲於畢業後。爲一年志願生者。其一年所須金額。爲一千五百馬克至二千馬克不等。是則欲爲一小學教員。而竟需六七千馬克。宜乎世之欲爲教員者寡也。

論兒童之體育

名儒羅惠氏曰。近人於學校之建築。與光綫、溫度、換氣、衛生器具等。頗知注意。然兒童之體格。仍未免頹廢者。其原因約有七端。(一)使用諸器具之不當。(二)就坐之姿勢不正。讀書寫字時尤然而行與立之姿勢亦如之。(三)戶外遊戲之準備不完。(四)室內之約束過嚴。(五)因教法之不善。令生徒受殺雜之苦。(六)休養之時期與方法。俱不得宜。(七)不知體格有個人之別。故往往處之不當。今欲矯此弊害。則當如下。(一)於冬夏之日中。增多屋外遊戲之時刻。(二)廢長假而屢代以短假。(三)爲教師者。更應講求衛生上智識。且注意於耳力目力及脊梁屈曲等症。

三、生长阶段（1905—1914 年）部分引用报刊原文图

A9：《云南》——《论体育之必要》（1906 年，第 3 期，第 29－32 页）

論體育之必要（續第一號）

伯林

（二）對於社會而言　人生之幸福曰富曰貴邁此二者而上之曰賢豪曰俊傑雖因其觀念所感個人之目的不無稍異而統之方趾圓顱究莫能出此範圍然試問古今來之大富大貴大豪傑其所以成此富成此貴成爲豪傑者果何在乎其原因雖甚複雜而其所以直接以成爲富貴成爲豪傑爲最不可少之要素者莫不賴身體之健全否則雖持萬金以求富以不世出之才以求貴以百折不撓萬險不渝之志以求爲賢豪求爲俊傑無異乎聾者欲聽盲者欲視啞者欲言跛者欲奔有是理想而無是能力

試論富貴、夫富貴者、以至小之力而得至大之結果者也、其所以致富貴之原則不徒在金銀才智而於心力體力時間空間皆有密切之關係能利用此心力體力時間空間則事事占積極之方面而進取而優勝否則即趨於消極之方面而退化而劣敗心力也體力也時間與空間也其所以利用之而不敝者非吾身乎非賴吾身

之健全乎例如甲乙二人同一求爲富貴其資本才智相等惟甲之身體較健於乙其結果必有富貴貧賤之懸殊蓋甲也體健而神怡無曠功無廢時理雖深而必得其解事雖難而必求其濟乙則委靡退縮畏難苟安一暴十寒得不償失甲也任風雨寒暑之變更盤根錯節之交乘而應之不疲乙則非微勞即挫即疾病糾纏不惟坐廢學業而醫藥之費損失經濟且將累及親族奔走服役熟富貴而熟貧賤可不言而喻矣

試進論夫豪傑夫豪傑者非所謂挽百危而一安出萬死而一生者乎則無論其有瑪智尼 Giuseppe Mazzini 堅忍不拔之志而必犧牲一切以爲國民造幸福否也則無論其有加里波的 Giuseppe Garibaldi 之如沸如騰之愛國精神戰勝攻取之智謀才畧否也更無論有嘉富爾 Camillo Benso Cavour 外交內治籌畫無失之卓識否也試問轗坎流浪南北轉徙絞腦髓枯心血奔走號泣和血和淚數十年吹豪濡墨舌敝唇焦以喚起國人者瑪智尼何以能如是之久耐其勞也試問出艱入險一而再再而三瀕九死於一生者數被捕被逮窮途流落歷人類所不堪之境

者更不可屈詘而尚能披堅執銳衝鋒破敵於荆棘滿地之中以光復其祖國加里波的何以能如是之極苦勞危險而安之若素也更試問以一身兼四大臣之要職（嘉富爾爲相兼總理大臣、外務大臣、軍務大臣、內務大臣之四職。）衣不解帶日不暇食以整理內治外交指揮戰爭要務者幾逾八月嘉富爾何以能如是之荷重任而閱久不疲也是非金王比美鐵石比堅之體而能如是乎是非以朝以夕鍛鍊磨礪而能有此體魄乎吾人生於今日揆時度勢非法三傑不爲功然試設身處地於三傑之境之遇果有此堅强不磨之體以與彼萬危千險之困苦艱難相奮鬬乎豪傑乎其所以令人歌令人泣令人起舞而愛之敬之崇拜之者其德乎其智乎吾恐無體育以植其基而德智終屬於虛無

然則白富貴曰豪傑人類之幸福盡於是矣成爲富成爲貴成爲豪傑舍身體之健全而莫由矣吾因之有感焉夫社會者生活競爭之劇戰場也無農無工無商無政治無軍事無教育非相合相濟共團結其力磅礴其氣以奮勇精進以冒險前取終不能伸展其勢力以尊定國家顧社會者個人之化合體也個人之薄弱即碍於社

會之進步夫是以無貧賤智愚無男女老幼無不嘗從事於身體之修練此固自立義務生存之原則也考歐西各國大而公國工場小而神社寺觀凡爲遊人集聚之所莫不設有各種之體操器械以便國民之練習其他如射擊劍水泳競漕擊球競馬種種之有關於體育者無不所在皆有獎勵備至蓋自斯巴達以體育擅强名以來此風駸淫幾成爲不二之天性故其筋肉之當展骨骼之偉大遠非黃人所及以此野蠻體魄而濟以文明思想其凌駕世界也不亦宜哉

日本以區區三島吸取歐米富强主義維新之發即聘德美教員從事體育至中東戰役以後上下人心確知其效之顯著也載仁親王乃倡建體育會於都而體操專門學校因之繼立熱心國事者又從而設立體育協會仿歐美制度各處建置體操器械並創辦種種關於體育之會。（如射擊會、劍術會、柔道會、其他室內室外擊球會皆由社會中大小團體組織而立者至於大小學校之運動會猶不在此列）獎勵之方無微不至夫是以不數年間遍及三島無一人不活潑勇敢體强力健一戰而挫暴俄良有以也近又由政府建議擬設中央體育所（名未確定）其目的所在不徒養成體操教員凡關於體育之理論及技術皆討論探求以改良一般國民

A10：《越报》——《重体育！重体育!!》（1909 年，第 1 期，第 67－68 页）

雜俎

危亡中之一綫希望

白堅

上海近來各學校之學生。痛國事之日非。將欲救之。苟無學其道末由。故學生中。富於進取者。概不自朝之五六時至夜之十時十一時。孜孜為學。不涉他事。雖其間荒嬉游惰。不為國家前途憂者。亦不乏其人。然較勤學者。為少此現象。蓋有可觀者。深望荒嬉游惰之諸學生。猛省回頭。一反平昔之所為。而為刻苦勤學之士。以占優勝於人群。勉為他日之主人翁。則我國之發達。當如何也。

重體育！重體育!!

白堅

我國從來尚文輕武。至今已深受其弊。今之所謂文人學子。大概孱孱無力之弱夫。故今日主教育權當教育任者。亦隨在皆孱弱之人。若而人者。大概尚未深知我國今日之敗壞。多由於國民文弱所致。然則欲救之。非國民尚武不可。將使國民尚武。非曰從今日各學校重體育不可。人而能為優勝之人者。以其智識發達。而道德高尚也。人欲求智識發達。則必先有强健之身體。貞固之精神。然後可。然則我國今日之文弱少年。將欲智識發達。其不重體育。作有規則之運動。固有術乎哉。可哀哉。眼前文弱之少年也。或年未二十三十。固已拳背而馱肩。奄奄無生氣。徒怨天使之多病。而不知重體育。言國事則嗚咽流涕。曰無可爲。或四十五十。即將就木。其愚而自暴殄其身。不能有爲。不甚可哀哉。

女敵娘帮

南山

出紹之西郭十餘里。有二村。曰女敵。曰孃幫。相傳。金人擾及浙東。有某氏女。率衆禦之。其母居有鄰村。亦結衆相助。其地遂以是得名。此事未見記載。而故老相傳如此。殆必不謬。噫。誰謂木蘭紅玉。古今僅見哉。

民氣之壓抑

南山

粵寇之擾。各省皆有結鄉團以自保者。若曾國藩。若趙景賢。其始皆鄉團也。曾竟就大功。趙雖歿於守湖。亦得厚恤。皆幸也。若吾越之包立身。本一農夫。乃能結鄉團以自保。與越寇相持經年。粵寇之死於包村者。殆數十萬。當時東南王師。皆賴以牽連。乃克成

A11：《教育杂志》——《论学校体育》（1914 年，第 6 卷第 10 期，第 189－192 页）

宜於演講通俗教育時用科學的歷史的灌輸以學校內應有之常德常識二者互相爲用必能事半而功倍矣再能多設林間學校露天學校補習學校夜學校等爲學校教育社會教育雙方並施之地則兩方各有裨益必無疑也此固可見諸實行者

以上四端爲鑑近日偕提倡社會教育之同人商榷有得卽以質諸論辨研究社會教育之人並告僅知社會教育之必需而不知學校教育與社會教育須雙方並進者

論學校體育

徐一冰

學校體育學校體育之四字者於吾國教育界上已成一種口頭普通之名詞無足輕重者也民國成立以來教育部曾有尙武精神之訓令矣一般教育家亦嘗有提倡軍國民教育之意見矣然而尙武精神云云軍國民教育云云 **均一空闊無邊浮而不實之渾稱也至究其方法如何施行如何及如何而始有實効如何而可得良果又何嘗有確實之研究以示進行之方針耶** 噫我知之矣彼執教育行政及主持教育者要亦鑑於東西洋之注重學校體育以及教育原理上之智德體三育之不可缺一所謂人云亦云而已乎

夫學校體育不外衛生運動二者近今學校衛生漸能注意如飲食起居也如光線空氣也津津樂道不遺餘力嘗聞之矣惟對於學校運動一方面力圖改良者則尚未之聞也

蓋學校運動。非專恃理論所可了事。必也從勞苦中得有技能上之實驗。然後參酌教育原理。以定其確實方法。庶幾其有價值矣。今則學校運動盡委其責於體操教師之一人故誠得良教師則學校之幸也反是則於運動一方不特不能收良好之結果甚至爲無次序之運動及不規則之運動或與教育上毫無關係之運動其爲害非淺鮮也主持教育者大都無體育上之經驗而於體操一科既不能考察其成績青年學子又多貪安逸而畏勞苦怠惰成風不可補救此近今學校體育之現象所以僅有其名而無其實也

前江蘇教育司黃炎培氏嘗謂「教育之根本在小學小學之基礎在師範如師範教育不能收良好之效果則於小學教育前途必無希望」此誠今日研究教育之痛論也**吾謂今日如欲整頓學校體育亦然。要非先從小學入手不可。然則小學校之體育。必如何整頓。始可收其實效乎。是亦全視師範學校體育之如何爲進退耳。**今日小學校之所

謂體育者以體操遊技一科爲主通都大邑之中尙有一二完全者如內地小學校體操科付之闕如者指不勝屈即有之多以高等小學校及中學校畢業生或軍營中之兵士任之師範畢業生兼任此科者極鮮教非其人效何能顯吾謂小學校之體操一科非師範畢業者兼任不可蓋師範畢業其對於小學校教授法之如何管理法之如何及訓練保育之種種方法均能研究有素而所謂教育原理教育制度學校衛生兒童心理亦皆了然於胸中 **如是則選擇體操遊技之材料。支配體操遊技之時間。自無一不得其法。餘如課外遊技。及種種愉快運動。必能隨時提倡。循是以往。既無躐等之弊。且得運動之樂。由初等小學校而高等而師範或中學。其得收體育之效也必矣。**然則今日之師範生即爲他日小學校之良教師與言及此不禁爲吾可敬可愛之師範生馨香禱祝者也

吾國師範教育年來已大發達一省之中省立者必數校一縣之中如甲種乙種師範學校亦不一而足對於小學教育及普通科學之研究可謂美且備矣至論其師範體育之成績則較諸他種科學往往不如賈豐臻君所謂學生大都文弱氣象從容不脫從前書房習氣即明證也吾謂今日師範生中之不脫從前書房習氣者其即昔日私塾中之舊

習慣乎然既入學校研究師範自當一掃從前文弱習氣不然則將來出爲小學校教師不將以書房習氣從而教人耶體操遊技一科本爲師範校中主要科目其材料如普通連續體操之六種及近今之各個體操如行進法表情法競爭法　**各種極有規則之遊技。皆爲小學校所必需。而爲師範生所當然實習研究者也。研究普通體操普通遊技。由淺入深。次序井然。無論學生如何文弱。必無不及之弊。所要者學校規制宜嚴。教員教授改良耳。**　如學校對於體操一科查察不嚴一任學生之自便或教員教授漫無次序強人所難如是則學生亦焉得而不退避哉

嗚呼吾再進而論之吾又不禁悲從中來也試問今日師範學校之體育將恃何人而切實整頓乎其在主持教育者固不得卸其責然吾儕從事於體操事業担任師範教育者**亦當如何勉勵尊重。力圖整頓。與吾可敬可愛之師範諸同學。悉心研究。發揮正當之體育。俾適宜於小學校體操遊技之用。不求過高。毋使不及。平均發育。愉快身心。**十年訓練庶幾其有大效乎非然者則因循復因循苟且敷衍不思振作則吾儕任體操者其將爲教育界之大罪人矣噫、前途莽莽夫復何言

四、重构阶段（1915—1927 年）部分引用报刊原文图

A12：《南汇县教育会月刊》——《社会体育之弁言》（1916 年，第 6 期，第 1－2 页）

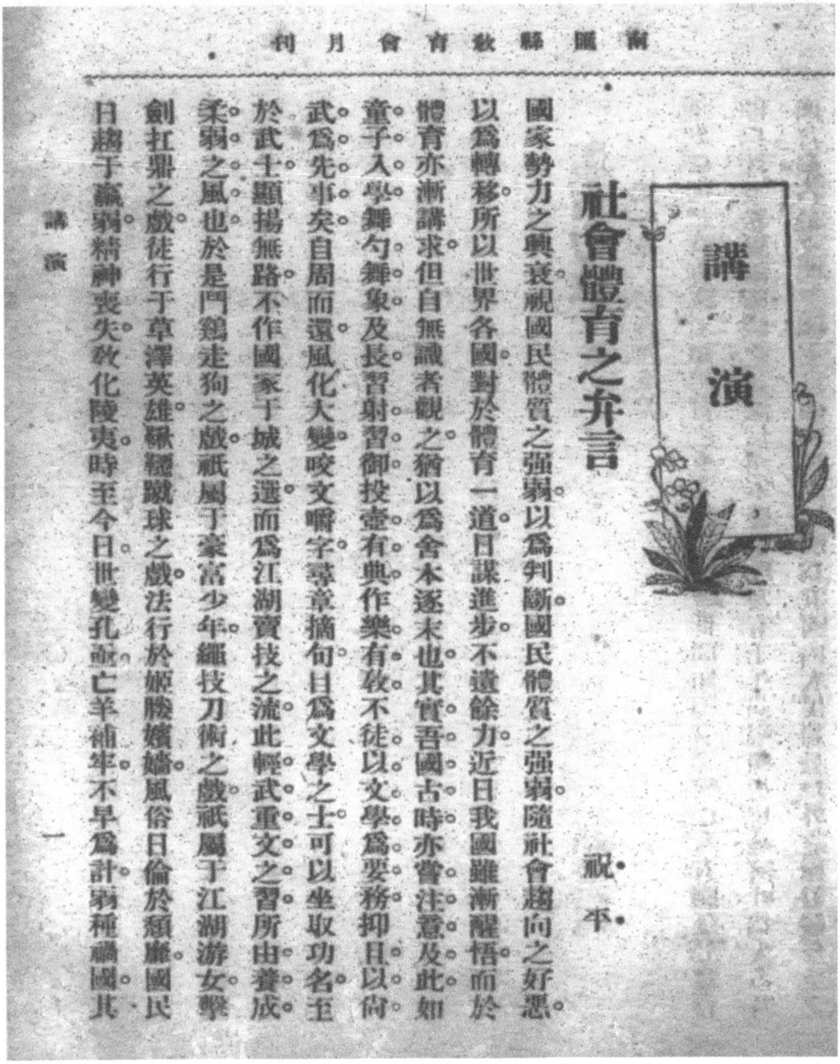

南匯縣教育會月刊

講演

社會體育之弁言

祝平

國家勢力之興衰視國民體質之強弱以爲判斷國民體質之強弱隨社會趨向之好惡以爲轉移所以世界各國對於體育一道日課進步不遺餘力近日我國雖漸醒悟而於體育亦漸講求但自無識者觀之猶以爲舍本逐末也其實吾國古時亦嘗注意及此如童子入學舞勺舞象及長習射習御投壺有典作樂有敎不徒以文學爲要務抑且以尙武爲先事矣自周而還風化大變咬文嚼字尋章摘句目爲文學之士可以坐取功名至於武士顯揚無路不作國家干城之選而爲江湖賣技之流此輕武重文之習所由養成柔弱之風也於是鬥雞走狗之戲祇屬于豪富少年繩技刀術之戲祇屬于江湖游女擊劍扛鼎之戲徒行于草澤英雄蹴鞠蹴球之戲法行於姬媵嬪嬙風俗日偷於頹靡國民日趨于羸弱精神喪失敎化陵夷時至今日世變孔亟亡羊補牢不早爲計弱種禍國其

講演　一

曷有底。黃任之先生有鑒于此。所以請設體育傳習所於滬上。其辦法每縣派遣二人入所肄業。其宗旨在培植地方公共體育場之指導人才。茲屆學業告畢之期。學員各述所見之候。余雖不才。何敢緘默。惟吾南邑。僻處海隅。偏文者味。偏武者野。民風孱弱。與斯巴達雅典相伯仲。長此不振。難與圖存。此吾人所深憂者也。今後整頓之道。雖亦多端。而提倡社會體育。尤爲當務之急。蓋社會體育者。能使人民具有健全之資格。活潑之精神。免受殘廢之痛苦。而享康強之幸福。研究學問。既少腦筋不足之患。經營事業。又少體力不逮之虞。知識日進而不倦。思想日新而無阻。學業也。實業也。均出全力研求。進步則與列強競爭。生存庶可免爲弱肉。愛國救種。非體育其誰屬哉。茲將在所所受各科。略述梗概。以供同志選擇。

體育力法

美國麥克洛先生講述
南匯潘硯平筆記

第一章　體育之重要

今欲研究體育方法。須知體育之重要。吾等曠觀世間。知國家之興亡。大有關係於體育。卽以埃及希臘兩國觀之。益深信而不疑也。埃及五千年前。崛興於尼羅河畔。爲太古時西洋最古最文明之國。東征西略。所向披靡。爲其國內人民對於戶外之獵射競奔樂之

A13：《武术月刊》——《武术底体育的价值》（1921 年，第 1 卷第 2 期，第 1－5 页）

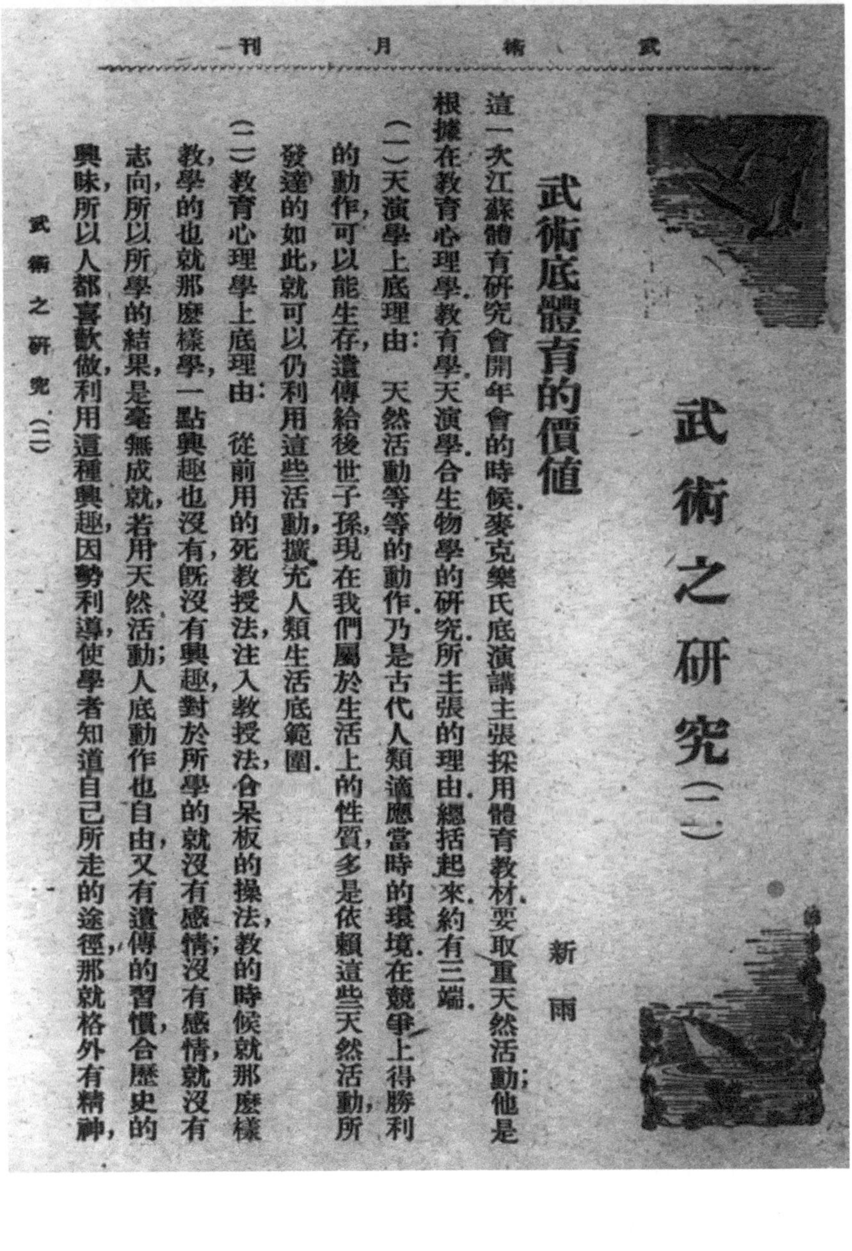

武術之研究（二）

武術底體育的價值

新 雨

這一次江蘇體育研究會開年會的時候，麥克樂氏底演講主張採用體育教材要取重天然活動；他是根據在教育心理學，教育學，天演學，合生物學的研究，所主張的理由，總括起來約有三端。

（一）天演學上底理由　天然活動等等的動作，乃是古代人類適應當時的環境，在競爭上得勝利的動作，可以能生存，遺傳給後世子孫，現在我們屬於生活上的性質，多是依賴這些天然活動所發達的，如此，就可以仍利用這些活動，擴充人類生活底範圍。

（二）教育心理學上底理由　從前用的死教授法，注入教授法，合呆板的操法，教的時候就那麼樣教，學的也就那麼樣學，一點興趣也沒有，既沒有興趣，對於所學的就沒有感情；沒有感情，就沒有志向，所以所學的結果，是毫無成就，若用天然活動，人底動作也自由，又有遺傳的習慣，合歷史的興味，所以人都喜歡做，利用這種興趣，因勢利導，使學者知道自己所走的途徑，那就格外有精神，

有志向，結果必定是很有成效．

(三)教育學上底理由； 體育除了健身之外，還有教育上最大的目的，就是要培養各種性質，在生活上實驗出來天然活動就是人本有的活動，利用他來加上教育的方法，合組織的作用；就能培養許多好的性質出來，應用於普通生活上，他這些理由，是不錯的！但是他採用教材的時候，把所選擇的教材種類，都詳細的解說，並且表示出來，獨對於武術一種，雖然也在選擇之列，不過他因為對於中國的武術，沒有研究，所以就不敢加以評論；留著等中國人來論解．

我對於武術雖然是外行；但是他底淵源也略微曉得一點，此次聽了麥克樂氏底演講；也引出來我對於武術底許多見解，就按着他所根據的幾種科學的理由，在武術上略說幾句．

(一)天演學上底理由： 武術是一種天然活動的技能，古時因競爭的劇烈激刺，就想着抵禦仇敵的方法，於是乎就發生武術這種技能底本然活動，就是抵禦仇敵用的；我有兩個根本的原理來證明他：

甲、被人打的時候，沒有不拿腳合手來抵擋的．

乙、被人打的時候，稍微强壯一點的人，沒有不想着回打的．

(二)教育心理學上底理由： 武術最能引起人底興趣，因為有遺傳底精神，歷史的趣味；人一看着演武術的時候，彷彿自己就像置身當時的競爭場上，看旁人勝敗的形勢，並且也有一種觀念，以爲自己若被人打的時候，也要用這樣的擋法；要想還手也用這樣的打法，所以人人對於武術非常歡喜，至於武術的動作敏捷活潑，也能以振刷人底精神，用中國底武術，也合乎中國底習慣；並且學武術可以得一種實在的能力；所以學武術的人至老興味不減，比較別種體操一出學校就丟開，强的遠了，

（三）教育上底理由： 武術能栽培耐勞，堅忍，自信，自重，自制，忠心，俠義，膽量，犧牲，順從，要人同情，敏捷思想，一切好性質，雖然缺少協合心，然而精於武術的人最喜歡幫助人，肯爲別人犧牲；如能改良教育的方法，就可以擴充他底犧牲範圍了。

至於武術和別的體育教材的比較，也能算弱？我且說幾條比例來：

（一）武術底改正功用。 武術底姿式非常準確；講究武術的人，抬手，動脚，都有一定的度數；不過沒有用科學的方法，來測量他就是了，並且全體的動作，都很相稱，沒有偏重一部的毛病。

（二）武術底健身功用。 武術不但能强健肌肉，並且可以堅固臟腑，最好的就是氣功，真是能得造化之妙，可以使人至老精力不衰，我只看見過八十歲的武術家，沒有看見過八十歲還能做遊戲運動的人，所以武術無論老幼男女都可以用，拿他去健身更是能普遍。

（三）武術底教育功用。 在前邊教育學底理由上已經說過；此處不必多說了。

（四）武術和器械體操。 器械體操，不過學的是實用技能，如騰越，合平台上等等動作，然而武術上

底，竄，踴，跳，躍，縱，閃，轉，騰，拿，等技能，强勝器械體操數倍．

(五)武術和柔軟體操．把武術底動作分析開，很可以代替柔軟體操；並且也比較活潑．

(六)武術和跳舞．武術底動作很優美；把他底動作編成跳舞也很適用．

(七)武術和田徑賽運動．會武術的人，能跳，能跑，肌肉很是靈便，並沒有呆板反對的習慣，稍微練習就可以應用．

(八)武術和遊戲．會武術的人，練的是眼明，手快，身靈，步穩，這些特長，應用於各種球戲上，是再好沒有了．

(九)武術和軍操．軍操底最大作用，就是增加軍士底戰鬪力；武術的訓練，唯一目的，也就是戰鬪力，那末武術實用軍事上是最適用的．

我連篇累牘的，把武術說的那麼樣好；但是我可不是像一般人只用一個籠統的名詞底義意說：「武術是國技，不可不保存；」合「武術可以强國，不可不練習」的那些口頭禪，我乃是從學理上底印證，合教科上底比較，所得的評斷，大概不是妄說的，但是我雖然說出武術底好處，然而對於他底弊端也要略舉出來，希望着把他弄成一件進化的東西，和適用的教材，

現在中國武術底弊端是甚麼呢？諸君都知道舊文學上的古典派，合因襲派的不好，這武術可也是犯了這個毛病呀！你們看武術的套拳，不是文學底古文嗎？武術上許多無用的器具，不像舊文

學上的死文字嗎？武術上許多好看而沒有用處的花樣，不是舊文學上底駢體文嗎？這些東西，都是拿着弄玩藝兒的一點也不合現時代的需用，所以實際在教育上是不能有許多價值，如今我們既然要利用他做教育用的體育教材，就必要用一種科學的方法來改良他，所以：

(一)要根據甚麼學理，來挑選武術上的有用動作作體育應用的教材？

(二)選擇淘汰之後，要怎樣分析編成由淺入深的程序，合乎教科之用？熱心武術的人，若對於這兩個問題加一番的研究，再加一番的合法改造，把武術底長處，加入體育範圍之內，可以占體育底重要部分，那才不愧提倡武術呢！

說武術中之氣合術

強公

武術中有氣合術者。友人嘗以此詢余。余曰。此固武術中之必要。前曾與友人知此術者。談其大略。友曰。武術本須區分爲兩大端。一曰精神的武術。一曰肉體的武術。肉體的武術。謂之外武術家。精神的武術。謂之內武術家。精神可以支配肉體。故外武術家不如內武術家。而中國普通所謂內家者。亦僅由外家之學進一步。只爲養氣之學。尚非純粹之精神武術。所謂純粹之精神武術。蓋即氣合術是。氣合二字。本東瀛名詞。原出於列子仲尼篇。亢倉子曰。我體合於心。心合於氣。氣合於神。神合於無。是也。中國之氣合術。可考而知者。第一爲定身術。或稱之曰點穴術。又有名隔山打牛法者。其法鍊時。須凝結心力。於午夜

A14：《江苏省立第四中学校友会月刊》——《人生与体育》（1924年，第13期，第4－5页）

大警了。這些完全是高升百倍的害處。而人家爲什麼偏要去買他。以經濟上的消費程序「凡購買」一種物品。必先比較該物與其他各物之最後公判。而後決定「購」之。可斷定他們是認爲一種正當而不可缺的東西。然而仔細一想。化了銅錢。不小心還是買了一個禍根。有什麼道理呢。再從音律上講起來。也說不到一種悦耳的聲調。若如拿動人情感。陶冶品性的音樂來代替他。恐怕比他有價値的多呢。

賭博——前清時代的風俗。在新年裏。本有一種休業的老例。差不多不過上元節不辦事。士農工商一律有這種的習慣。仿彿有爾要警醒的「開印。封印」的氣象。因此各界人士。百無聊賴。沒有消遣的法子。到底就拿賭博一件東西。來解他們的岑寂。一年一年的相傳下來。越弄越盛了。到目今。差不多在元旦後五天內。是認爲必須的正當的一樁事情了。現在改帝制爲民國。賭這一件事。爲法律所禁止的。而偏於五日內是公開了。不知道是什麼理由。而平時很規矩。很端方。不喜妄用一文的人。一到新年。往往熱拚命的賭。連飯也不想吃。睡也不想睡了。還有一種壞脾氣的人。欠了人家債。在年底早已逃走了。但是新年裏的賭本。却早已備好了不少。嗐。可笑亦可憐。並且一般新青年。在假期裏。往往也受着他的引誘。在面子上。說得非常的好聽。暗底裏却常常是一種惟一的消遣。喫。要曉得破産的種子也就在此一點呢。親愛的青年們呀。我們總要想出一種正當的方法去革除他啊。改革的方法。請諸位去討論罷。

呀。天氣異冷。記者寫到這裏。一枝禿筆竟凍起來了。就此告一結束罷。但是還有一句話倒要說明的。新年裏的惡習慣。很多很多。決不止上面這幾種。希望諸位看了以後。大家也來討論討論。因爲不論什麼事。不有討論。決沒有改進的希望。換言之。討論就是改進的動機。哈哈。我這篇文字。就是引起諸位討論的動機了。

十三・一・七日完於上海

人生與體育

高一文科（鄧根元）

吾人所以能生活於世。是靠着身體各部分器官的工作和營養；所以吾們身體上有一部份損壞，就覺得痛苦或竟致殆病。夫病之侵身，一定有致病之源；何謂致病之源？即對於身體上不謹慎保護。倘能善於調養保護一定能減少疾病，盡享天年，不致中年夭亡，蓋人死是人最後的結果，是逃不了的，吾們現不必去研究人死，應當來研究人生，人生即人的生活，研究人生，當然從身體上研究，吾們的人體，好比個機器。機器須常用則靈；人體須日動則活，但是機器用鋼鐵鑄成的；人是骨肉構成的。可知人的身體，一定不若機器的堅固，所以吾人的身體須刻刻留心保護，不使受損傷，但是我們欲使身體健康，究竟當注重什麼呢？答曰「體育」現在第一須先明體育二字的意義，體育者包括教育德育智育及一切生理衛生，其範圍是很廣。簡而言之「體育者依據天然方法，直接以發育吾人身心，間接爲增進吾人之智識與道德之科學也，」換一句說：「即造成人的新教育是也。」由是可知體育是很高貴極有重大價値的一件東西。一般淺識者，往往視體育爲一種卑賤粗暴的事，這等人實在是體育的讐仇，他們非但不肯注意，還要暗中摧殘，實在可恨。但是他們是不開通的人，也不足怪。然而現在受過新教育的人，也不去注重體育。你看那慘白的臉色，萎黃的肌膚，窄狹的肩脚骨，平的胸，鞠的躬，一張黃皮裹了一副枯骨，掏損了的筋肉，和逃走了的血氣；多麼可怕。多麼可醜；不會直立，不會端坐；而他們反自以爲温文爾雅豈不可笑？要曉得人各有嚴正的容貌，獨立的精神，仰首伸眉的氣概，而後可以任大事建大功。苟不然，乃低眉俯首，鎖眉縮頸，彎腰曲背，疲精憊神，現出一種未老先老和不規不正不可形容的怪狀醜態；能不悲乎？但是我們當怎樣去做體育生活，和體育與人生，到底有什麼重大關係；現在吾來寫出來和諸君共同討論

四

．(一)體育生活，須日日不輟，和及時鍛鍊；(二)摒除一切嗜慾，若酒啊，煙啊，賭啊，嫖啊；(三)要當心衣食住和生理衛生，若運動勿劇力勿過度：運動過度和不照規則，均足以傷身體。要知道運動雖爲强體之要素，但不當心和不守規則去運動，可說是戕身的危事。又若運動後必致氣喘汗流，故須有充分的休息，及沐浴，深呼吸等。再有一層，現在歡喜運動的諸君，恐怕也不注意，就是運動覺吃力後，不可即行坐臥，因爲人體經大運動後，血液流得異常的快，倘使就去坐臥，你想那身體傷呢不傷呢？所以運動之後，須去散步呼吸使身體精神復原纔好，青年啊，同學啊，你們若肯這樣去做體育生活，那末一定可達到軀體堅實，精神矍鑠，氣力强大，姿勢雄壯；並且病魔也不能侵入，疫癘亦不爲染著，終年强壯，一生健康，這豈不是人生最快樂的事嗎？

學術

浪漫主義與新浪漫主義的比較

四甲 綏蔚華

思想是隨時代變遷的，文學又隨思想而變遷的：所以每遇着新時代的潮流，那文學家接着必有一種表示，破壞從前的舊思想，建設新的思想。於是新的主義，就應運而生。這種主義，雖說是人造的，其實歸納起來，還是時代所造成。

現在來研究浪漫主義，和新浪漫主義：

(一)什麼叫浪漫主義？

浪漫主義，在十八世紀後期，至十九世紀前期，最爲盛行，是反抗古典主義的。因爲在十八世紀前期的文學家的思想，惟有摹倣古人，作品中纔要嵌入古典，否則以爲沒有文學上的價值。正有「非古不精」「無典不妙」的概念。（中國從前的作品，每多這樣，必定要肚子裝着佩文韻府，淵鑑類函，纔能領會，普通人誰能解說得通呢。）于是到十八世紀後期，就發生浪漫主義，是以極端的主觀爲根本，重感情和情緒，思想是偏於空洞，材料專取優美，作品的事實，也非具體的事實。因此，能引起民衆的感情，這時代的思潮，可說爲超然的，主觀的，感情的，和古典主義，眞是立於反對地位。浪漫派人物，也可算得盛了。德國有格脫，西爾來爾哈納，英國有偉耳，白倫，俄國有變西勒，法國有獨哥，歐歇。

(二)什麼叫新浪漫主義？

十九世紀後期，文學家漸起擯棄浪漫派思想，另生新主義，不久自然主義就實現，自然主義，是排斥浪漫主義的空玄理想，注重現實事業，科學因之勃興。當時以爲一切自然現象，皆歸納于物質運動法則之內，「宇宙」和「人生」，不過爲物質的盲動，不認天堂，上帝，不信靈魂，心靈；故這時代的文學家，皆非主觀的而爲客觀的。其結果便歐洲人士，俱覺悟人生苦悶無味，精神上驟失一定的方針。於是就發起反對派的攻擊和厭惡。以爲科學萬能說不足信，且人間淺薄的經驗，不能於文學上表現，於是思想就尋尚直感，承認神秘和靈魂，反對自然主義的傾向，要棄眼前事實。這個主義，就是新浪漫主義，也可稱做非物質主義。

(三)結論

浪漫和新浪漫主義的優劣，依我個人的意見，浪漫主義，有架空的弊病，不是實現的，是企慮的。新浪漫主義，沒有這兩種弊病，而有直感及啓發—似乎比較浪漫派優美。這不過是我的假定，對不對，請閱者指教。

A15：《晨报副刊：新少年旬刊》——《“新武化运动”与“中国武术”》（1925 年，第 5 期，第 3－6 页）

還比較痢奄奄，斯文文的名流學究有用一點，我們對於這一項應當特注意。

（7）提倡壯烈的文學 『我們要針砭民族卑怯的癱瘓，我們要清除民族淫猥的淋毒，我們要切開民族昏憒的癰疽，我們要閹割民族自大的風狂。』周作人先生的說話可以拿在這裏來用了。我雖不想做文學家，也不懂什麼是文學，但我總覺得如果做一個文學家，要提倡什麼文學，在今日應當對於這幾件工作特別注意，才有價值。實在的，今日中國的民族是怎樣的卑怯，淫猥，昏憒，自大，這種民族的病根不剷除，中國是無望振興的。我相信文學確有一種魔力，能夠使人的性情，思想「潛移默化」，所以好文學能導人至於好的境界，壞文學能誘人入於壞的途徑。我國民族所以怎樣的卑怯，淫猥，昏憒，自大，也未始不是受中國歷來文學的影響，這是中國今日文學家所不可不注意的。講「文學革命」，不是徒在文字形式上改變了就算完事，尤要在文學內容的改變。中國歷來的文學都大部分脫不了是「吟風弄月」，「呼戀求愛」，「悲觀厭世」的一流，所以弄成中國如此頹唐衰敗的現象。文學革命就重在要對於這些下攻擊，別開一面有生命的文學來 可是「文學革命」鬧了幾年，到現在除了文字形式上改變一些外，在內容方面還是沒有多大的改變。一般「新文學家」的「新文學作品」大部分還是逃不了歷來的套圈，這實在是令人悲觀憤恨的！試問以這些「新文學作品」，怎樣能望他「針砭民族卑怯的癱瘓」，「消除民族淫猥的淋毒……」呢？既不好的話，恐怕是「變本加厲更加沉重」能了！所以我們今日要想改變民族的惡劣根性，當改變文學的內容，極力排斥這種頹唐衰敗的下流文學，提倡勇武壯烈有生命的文學，務使國民的性情，思想移化過來，那時中國可就有望振興了！現在我們且喊：

吠！殺殺殺！衝鋒！衝鋒！
吠！我們的男兒呵！殺殺殺
吠！我們的婦女呵！衝鋒！衝鋒！衝鋒！
這山河願被戰火燒溶，
莫使「地獄管理權」當我們的生世，
還握在敵人的手中；

這是何等勇武！這是何等壯烈！我的文學家呵！文學的生命就在這裏！

五，結論。

我們既然大概的明白了新武化運動的意義，及其過去與現在，目標與步驟，我們就可以努力的幹去，向前的幹去，大家一齊努力的向前幹去！我希望大家注意這個重大的問題，尤希望大家嚴厲的批評和指教！

（完）

「新武化運動」與「中國武術」

萬籟聲

晨報記者轉來萬籟聲先生投寄本刊「新武化運動」與「中國武術」一稿，同人拜讀過後覺得有三點可注意的地方：第一，本刊發表的新武化運動居然引起了國人的注意；第二，藉此可以明白「新武化運動」與「中國武術」對於國家個人關係的重要；第三，由「新武化運動」得到「中國武術」過去現在的地位和價值。因此本刊特為發表，若有繼萬先生起而討論研究的，同人虛席以迎！來稿請逕寄北京大學第三院本刊編輯委員會收。

記者 十四年八月十二日

日前新少年旬刊內有丘興君所作之「新武化運動發端」一文，拜讀之餘，真將我十載陳氣，嘔盡一半；我國青年自受新潮影響，均專注意於「戀愛自由」「思想解放」等等上，此固於我國文化史上，不無一部分之成績，但對於國有彊國強種之武術，未見有人提及，且猶有鄙視之傾向，殊為扼腕。丘君大文，諸作諒亦看過，大意係挽儒弱文明之頹風，化為軍國民之勇氣，使中國人委靡儒弱之體質與精神，為根本之改變等語，鄙人此作，並非步丘君腳踵，實緣我國漸將湮沒之武術，與此「新武化運動」上，有莫大之幫助，是以不揣謭陋，將此國人所不肯道之武術，一與我邦人士商確之。

鄙人此作，既非詆新文化為不當，亦非將新文化而為武術化；余以為德智體三育，均應並重。歐美各國，其文化日新月異，學者輩出，試問亦如我國學者日事伏几案，弄筆墨，搖唇鼓舌，而毫不顧及體育者否？余誠以現在青年之體育一把，猶復徒手奮呼：上前敵！打英日！為痛心耳。試問予之徐，展子彈，負行囊，其不傾跌者抑已是矣，猶敢上前敵，冒白刃，以與外人爭死敵爭？諸君以余言為不信，請試觀我國青年，有十之二三能赴沙場者否？殆以病夫之譏，為可恥耳。余於我國武術，造詣未深，茲所舉者，為使國人了解武術之重要，而知所注重。至於高深之研究，如國人者引余為同志，而樂與之盤桓，以匡不逮者，是所厚望焉。

（一）概言

中國武術，可謂精深已極，小之防身護己，強筋壯骨，大之臨敵衝鋒，為國效命；其能使懦夫強，怯者立，蓋非虛語也。在昔日鎗火不甚發達之時，未嘗不加重視，逮至庚子拳匪亂後，始漸就衰微，此實我國武術之厄運！是緣學者無高尚之知識，且均江湖賣技者流，妖言惑衆，以致演成今日之局；嗣後國人竟相視為畏途，致目練習武術為非高尚之運動，誠過不考察，因噎廢食之甚者矣！

我國國民，過富於時髦之特性，誠為不可掩之事實，以致固有國粹之武術，亦漫不加察，多加唾棄，而學外人之皮毛，寧不痛心？今之士大夫不曰：「羸弱之軀不堪重任……」即曰：「多病之身，何堪繁劇……」而騷人墨客，則以能常依藥爐鼎鐺為才子，誠亡國頹敗之氣象也！似此朝野以病相號召，且以多疾為能事，能不免病夫之譏，亡國之慘乎？現各校雖有武術一科，亦不過等如具文，學者均無幾人，丘君所謂：「粉飾門面，沽名釣譽」者也；不知武術不惟可以驅除氣骸，且功純熟者，能一敵十，以敵百，正能養堅忍卓絕之精神，雄偉俠勇之肝膽，縱西人身高體壯，且自命為拳術家者，如與我國之武術家遇，鮮有不敗北者，余誠以我國粹之武術，墮入江湖賣藝者手，以致湮沒無聞，心焉惜之，曾費十餘載之精力，稍涉藩籬，如我知識界，急起研究而光大之，是不惟鄙人作斯篇之願可償，即我國武術前途，亦得賴之矣。

（二）中國武術之淵源與派別

我國武術，源於何代，創自何人，國不可考，但有謂肇於周秦，而盛於晉宋者，第無什麼實可考，按諸漢武喜觀角觝戲，隋文帝喜善擊者，可見我國武術發達之早！尚至北魏孝明帝正光年間，達摩大師自梁適魏，面壁於嵩山少林寺，因苦徒衆終日無所運動，恐生惰意，遂教以技擊之術，實為少林派之嚆矢，但詢諸練藝者，則稱武聯人為岳武穆，而又有謂趙匡胤為開山始祖者，總之，我國武術之發源，終不外此數人而已。

宗派分少林與武當兩派，少林宗達摩大師，武當宗張三峯。少林復分為四門：即大聖門（俗稱猴拳），羅漢門，二郎門，闖獻門是也。而各門又不知分若干門，若干派，且各派與各派不同，其最鮮明者為南北兩派，要其門戶雖異，亦終不出少林武當兩派之

（續

外埠郵費三十五分

通訊處：北京二龍坑口役胡同十六號
定價：零售每冊三分。郵寄一圓三十期。

開源耳。少林即外功，武當即內功，如太極雖說內功，其實真正之內功，固並不運動者，終日惟推揉吞氣靜坐而已。至於八卦，行意，太極，散通背，六合，劈掛（內分陰劈掛與陽劈掛），明堂，潭腿，北拳，二郎，鷹爪等等……，北人練者為多，可稱為北派；如孔門，侖門，洪門（有太洪門與小洪門），大聖，跌羅漢，睇八仙等……，南人練者為多，可稱為南派。要之，北派尚長手，南派尚短手。如吾人練習時，則兩者不可偏廢，蓋非長手不足以達氣，非短手不足以自保也。而南人尤喜下畢生精力，習一苦功（如插砂，打樁等等），以求一手一技之長，於未習拳術之先，以站馬步為金科玉律；北人則尚巧妙，下苦功者甚少，至於站馬步（亦名地盆，亦名站樁），更無足輕重矣。

（三）武術對於立國之重要

武術一道，無論老幼婦孺，皆可練習，祇需持之以恒，不畏起始之無味與困難，能繼續三月以後，即可漸進佳境，如過一年半載，稍得武術之樂趣，雖有人强之不練，亦不侶矣；昔友人何君，因早婚之害與不喜體育之故，故身體羸弱，時患咯血之疾，因見余昔從事武術，不覺欣勸，乃朝夕從事，不二年之久，不惟沉痾若失，而武術之進境，其矯健快捷，真有出人意料之外者；所謂「一人習武，可以保身，一家習武，可以強族」，誠非妄語。大凡一國之强，必有其所以興立者，今西人對我國動曰[illegible]……。此觀善云者，不過口頭禪耳！其實內修軍備，提倡體育，俾人人皆有軍國民之知識，具軍國民之體格，以逐其侵略之野心，即日本蕞島彈丸之區，今亦列為强國之一，豈非一戰勝我，再戰勝俄之成績乎？其與我國戰爭，固非其一國之力，但考日俄之戰，是其兵士，不如俄之多也，砲火不如俄之精也，而竟克之，此無他，即兵法所謂勝負即在最後五分鐘血肉相搏之力耳，當此衝鋒一決雌雄之時，槍砲亦無所施其技，飛機炸彈亦無所用其威，所恃者，白刃相接，徒手相搏耳。日之所以勝俄者，即自我國竊去柔術之功也！今人每謂練武術何用？縱練如鐵人，儒夫一槍之力足矣，噫！皆而人者，焉知强身强國之道即在是耶？今我國朝野，均以外人「犬良我友」，日唯高調，尚清談，對於體育上之鍛練，漠不注意，是不致滅種滅國而後已也！余滋感焉。

（四）中國武術與東西洋武術之比較

我國武術之大凡，已如上述，今試考西洋之武術：凡角技者，手需着套，祇可擊胸與胸部，至腰以下，不允襲擊，不然，即作誤拳論，其愚笨之甚，令人可嘆！且規則之複雜，尤為罕觀！試問與人相搏，或臨陣衝敵時，豈有限制其不擊任何部分者乎？該拳術既無手眼身法步之巧，亦鮮進退縱捷之妙，以之遊戲如小兒相搏則可，如謂為保身突圍之用則不可矣！至於東洋柔術，即我國之牽角也，竊於我國明萬曆年間，有萬法全書之刊行，內亦有刀槍劍戟之器，嗣與俄戰後，益知武術之重要，全國厲行，猶有國技武士道之設，是凡至東瀛者，類能道之，其蔑視自較西洋為優。但欲與我國技擊家相抗衡，是小巫見大巫矣，此稱評斷，並非鄙人故事偏張，諸君可得而考者！如有擅武技者而鬪之，當更不以余言為謬矣。但西洋之田徑與球類等等，是亦未可厚非，且現在運動優劣，係乎國際體面，如練武術者加以運動，可以調劑腰腿似乎發僵與行動似乎不甚自然之弊。

（五）結論

總上以觀，可見我國武術之價值與重要！是固不僅適於而今受人凌辱之秋，即世界大同，共享昇平，如國人均擅武技，身健體壯，則不獨國家之幸，抑亦個人終身之幸也！丘君以「新武化運動」為發端，余敢以「

中國武術」爲之嘆矣，諒亦丘君所樂者矣！寄日後有緣，鄙人不肖，竊樂於我國武術，稍盡義務，以明余並非亦脩消滅者！其有以余爲寥心而憐其愚者幸矣！以其愚而肯賜教者又幸矣！鄙人供職嶺大，有垂詢者，可逕投函此處！鄙人靜候焉。

九，八，一九二五，國立廣大。

我拜讀了萬先生的大文，覺得榮幸而且高興。我本來打算做一篇「讀後感」，藉答萬先生的雅意，並表示我對於中國武術的意見，不過因爲時間來不及，只好留待下期來說了。這是要請萬先生及閱者諸君原諒的。　漢興

對於天津裕大紗廠事件感言

三辛

處帝國主義束縛壓迫之下的中國工人，受外國資本家宰制虐待之下的中國工人，過二十世紀牛馬生活不如的中國工人，怎得不奮臂高呼起來作生存的要求與反抗？天津裕工廠工人也因了『生存的要求與反抗』竟遭裕大紗廠日本帝國主義資本家殺傷的慘禍，聞已死者三人，傷者百數，彌天噩耗，髮指心傷！三月以來，外人在中國領土之內連續發現九處——青島，上海，漢口，九江，沙面，重慶，南京，鎮江，天津——同樣兇狠的慘殺，若如此因循下去中國工人與民衆長羅黑暗時代的恐怖，怎能爭回我中國的主權與自由？這種帝國主義的侵略政策欲用快刀斬亂麻的必要手段，使其根本改變，除了政府有勇氣對行兇國斷絕國交，國民有勇氣對兇國斷絕經濟關係別無伸張公理與人道的可能；蓋政府的勇氣已向我們國民默認沒有了，現在尚有一線希望可挽救中國不即滅亡的惟視我們國民的勇氣如何而斷定了。這次天津裕大紗廠事件欲求不再含糊了事，全操國民表現充足的勇氣，繼續和日本斷絕經濟的關係，抵制船來的貨物，凡在日本工廠作工的工人勸其即日盡行退出，非待裕大紗廠事件交涉結果決不上工。我們盼望覺悟後的中國工人從此更能認清自己所處的地位，繼續不斷地努力爲着『生存的要求與反抗』奮鬥到底！

十四年八月十五日

告中國民衆

漢興

『現存是我們該當奮鬥的時候了；我們當捨棄一切，先爲祖國的名義奮鬥罷！』這是克魯泡特金（Peter Kropotkin）在彼得格洛特（Petrograd）停車場對當時俄國民衆所說的話。

中國民衆啊！大家聽聽罷！現在就是這個時候了；克魯泡特金的說話，恰好是對着我們這時候說的了！

這次英國帝國主義者，恃着他的強權與勢力，肆無忌憚的在中國領土內任意屠殺中國人民，甚至一殺再殺，這裏殺，那裏殺，眞是目無中國，目無中國人了！由這次事件看來，我眞不知道：中國究竟是不是一個國家？中國人究竟是不是屬於人類？這是多麼可恥，多麼可痛的一件事！

中國民衆啊！我們不是常自誇吾國爲五千年來的文明古國嗎？我們不是常自詡吾國是地大物博的泱泱大國嗎？但是現在怎麼樣？睜睛的睡睛了，宰割的宰割了！文明古國差不多變成了帝國主義者的新殖民地；泱泱大國既給他們造成了四分五裂的勢力範圍了！這樣還不算，英國帝國主義者欲更進一步，把中國置於他們的砲火槍彈之下，使之不得翻身，反抗變成他的完全的新殖民地！這次滬，漢，粵等處的事件發生，英國帝國主義者既完全暴露出他的野心來了。唉！中國民衆啊！這是我們祖國多麼不名譽的事件！在這個時候，我們還有心事去談勞的閒暇嗎？還能夠再作勞的無謂的犧牲嗎？英國帝國主義者說，我們此次對於他起的反抗，認爲

（六）

A16：《厦大周刊》——《民主精神与体育》（1926 年，第 144 期，第 3－4 页）

人類有一種創造的本能，人類的心靈不是像鏡子樣被動的將外來物像印上，他有創造性與試驗性。什麼叫做創造性呢？是以自巳的意志或興趣，選擇一個自巳所要達的目標，便用自巳的心能向前做去。假使人類沒有這種創造的精神作用，那末，一部歷史，將如恆河岸上的沙痕一層一層的堆積上去，經過幾千幾萬年都是一樣，我也可以推算他明年怎樣後年怎樣至幾百年後又怎樣，這一來人生還有什麼意義呢？然而人類決不如此，一個人的自由意志怎樣發動，發動的方法怎樣，不獨旁人猜不着，就是他自巳今天也猜不着明天怎樣，這一刻也猜不着後一刻怎樣，他是絕對不受任何因果律之支配，時時刻刻可以不斷的發動，便時時刻刻可以爲不斷的創造。人類能對自然界宣告獨立，開拓出所謂歷史的領域者全靠這一點。動物沒有創造的本能，所以也沒有歷史。

由上所言，我們知道人類的進化是沒有止境的，所以他所產生的歷史也是進化不已的；但是我們要知道，人類的進化是全體的不是局部的，是由含糊而到明顯的，不是堆積的。一個人的活動所以能夠創進不已，全恭人的自覺性，這自覺的動機，是因人與社會接觸而起。我們時時刻刻適應自我的環境，便時時刻刻覺察着自己的缺點，引起改進的內力，與社會接觸的機會越多，則自覺的內容越富豐，創造的意志越強烈，假使離了社會的環境，則個人自身也就失了他的意義，這就是社會爲個人而作用之一面。從個人活動方面觀察，一個人的活動勢必影響到別個，而且跑得像電子一樣快，立刻波動到他所屬的社會，乃至人類全體，個人的知識愈發達，則社會的演進愈加速，這就是個人爲社會而作用之一面。社會與個人是交替爲用，不能偏重的，從前談這個關係的，不是偏重個人就是偏重社會，都不是徹底圓滿的解說，所以我們講歷史，是要看他的全體，不能作片面的觀察的。

我們巳知道歷史是進化的，整個渾一的，則我們研究歷史就應該重視人類的本能和民衆運動兩方面。從前歷史家敍述歷史，把人類本能和民衆運動兩方面的事實，就是一切進化的基礎，就是一切真歷史，都忽略過去，偏把那些無關緊要的帝王事業和那些反生命的戰爭載得特別祥細，這是完全不對的。應該從根本上推翻過來，把人類本能方面和民衆運動方面的事實，如五四運動，國民會議……大書特書，把那些無關緊要的帝王事業和那些反生命的戰爭，如奉直之戰，江浙之戰，……忽略過去。這麼一來，人類還會走到那反生命的路上去過他的骨肉橫飛的生活嗎？世界的和平還怕不實現嗎！

演講

民主精神與體育

格雷博士講　葉培元筆記

鄙人來此得與諸君聚會一堂，私心莫名欣幸。回憶貴校校舍未建設之前，鄙人曾過此一遊，今則校舍巍峨，蔚爲大觀，不勝嘆羨。邇年世界各國有兩大運動，一爲民主運動，一爲體育運動，此兩種運動，可爲世界空前絕後之壯舉，諸君類皆知之。至此兩種運動有何關係，吾人不可不加以詳細之研究。民主二字之意義，言之甚長，今限於時間，不能詳爲解釋，茲撮其要，不外兩端，一爲以先覺覺後覺，負啓迪來者之責，一爲使通國人民同心戮力，一致行動。夫欲陶鑄民主精神，宜順序漸進，非一蹴可幾，體育運動亦然，其來甚漸，六七十年前，此種運動，先肇自歐州，次及東亞，今則瀰漫於全球，成爲世界莫大之運動矣。近數年來，中國對於體育運動，極力提倡，亦不後人，惟應如何使之發達，則當首定標準，標準既立，可使體育發達，體育發達，可以養成人民尙武之精神，勇於赴敵。數年前歐戰發生，參戰國人民勇於從軍，是其明證。但此種結果，演出流血之慘劇，有乖世界和平之義，不願中國效之也。此外歐州最爾小國，常以體育運動擴而爲國家運動者頗多，瑞典其一例也。至其目的，却有兩端，一爲養成人格，一爲保衞健康。至其貢獻，亦有兩端，一爲合作精神，使全國之大，成爲運動之場，士庶如雲，盡是健兒身手，一爲培養道德之觀念，卽假體育運動爲道德運動之媒介。其提倡公民道德，造就公民資格，日進無已。今日中國，其情狀有類於美國世界各國運動，會而來歸，派別紛紜，莫衷一是。爲中國今日運動計，當定自已之標準，標準惟何，卽養成運動家之態度是也。夫所謂運動家度態者，卽爲有道德之人，在中國則稱之爲君子。願運動家對於運動，應出於天性喜樂而爲之，不可有所勉強。美國對於體育運動，數年以來，極力提倡，不遺餘力，全國學校，皆設有運動一科，學生則喜爲運動員，故體育運動，非常發達。鄙人甚望中國靑年，急起直追，與之爭先也。運動之時，心懷好勝，乃人之常情，然必須出之以正當手段，遵守運動規則，不可妨人利已，見責於裁判員，且宜具有貫徹之精神，奮往直前，終始如一，不可半途而退，貽譏觀者。例如往者遠東運動會，中國參加運動者，見勢不及人，中道而輟，翌日爲衆詰責，勉以終程，後竟獲第三名之獎品，可見運動之時，堅持到底，是爲第一義。此外又須具有合作精神，顧全團體，不斤斤以一已之利害爲前提，至於選舉領袖，尤當愼重，不因人多金而掄選，不因人勢大而取訣，總以長德公正者堪應其任，凡此所言，皆關於道德上之問題，所以養成運動家態度者也。至於以運動精神應用於學校方面，可以養成學生合作之精神，應用於學業，可得優良之成績，爲運動而運動，亦能爲讀書而讀書，事雖不同，其理則一，此運動精神應用於學業者也。畢業之後，如應用運動精神以爲事，可得社會上之信仰。蓋善於運動之人，在社會服務，必能愉快勝任也。貴校對於體育非常注意，倘能循此漸進，將來成績卓著，未可限量，諸君其勉旃。

文藝（一）

生日書感　　綺霞

莽莽中原戎馬間。投荒策杖入南蠻。可憐滿地皆魑魅。如此寥天孰往返。三十三年落花夢。八千里路念家山。風雲才略知何用。回首巔郎兩鬢斑。

和作　　常惺上人

忘却浮生空色間。任他鴂舌語緜蠻。柴門細雨鐘初靜。禪榻孤燈定未還。情冷久參乾矢橛。心澄渾失故家山。楞嚴讀罷爐烟透。一頂圓光鬢欲斑。

其二　　孝泉

正氣由來在兩間。未須細問貊和蠻。君原野鶴同瀟灑。我亦閒雲自往還。大地卽今滿荊棘。人生何處不家山。相逢欲索弧長醉。憶否萊衣幾着斑。

其三　　摩霄

風生四座笑談間。氣概君能奪百蠻。若使聞雞摩劍起。定教懸闕請纓還。東之高閣皆名著。吟入西樓盡好山。後起詞章吾有待。征衫莫遣淚成斑。

其四　　醉長

斯人寥落莽蒼間。足踏燕雲復百蠻。天地冰霜風骨健。江湖歌哭寶刀還。酣吟海市孤樓月。高臥滄波一枕山。我亦勞生懷短鋏。慰君先已淚成斑。